V 2679.
M. D. I.

2526

TRAITÉ

ÉLÉMENTAIRE

DE MUSIQUE.

✼

IMPRIMÉ
PAR LES PROCÉDÉS DE E. DUVERGER,
RUE DE VERNEUIL, N° 4.

✼

TRAITÉ

ÉLÉMENTAIRE

DE MUSIQUE

PAR L. QUICHERAT,

AGRÉGÉ DE L'UNIVERSITÉ.

PARIS.

LIBRAIRIE CLASSIQUE DE L. HACHETTE,

ANCIEN ÉLÈVE DE L'ÉCOLE NORMALE,

RUE PIERRE-SARRAZIN, N⁰ 12.

1833

TRAITÉ ÉLÉMENTAIRE

DE MUSIQUE.

CHAPITRE I.

Sons. — Demi-tons, tons. — Octave. — Gamme.

La *Musique* est l'art de produire une suite de sons qui flattent l'oreille.

Les sons peuvent être entendus séparément ou conjointement. Quand plusieurs voix ou plusieurs instrumens exécutent ensemble le même son, on dit qu'il y a *unisson*. Quand les sons diffèrent, on entend un *accord*.

Une suite de sons que l'on fait entendre seuls constitue une *mélodie;* on appelle *harmonie* une suite d'accords.

Les sons ont plus ou moins d'élévation. Les sons élevés s'appellent *aigus;* les sons opposés aux sons aigus, ou les sons bas, se nomment *graves*.

Un son n'est aigu que par comparaison avec un

1

son grave, comme un chiffre n'est fort que par comparaison avec un chiffre plus faible.

La série des sons forme une sorte d'échelle, qui s'élève du grave à l'aigu, en passant par les sons du *médium* ou milieu. D'où l'on dit que l'on *monte*, quand on va du grave à l'aigu, que l'on *descend*, quand on va de l'aigu au grave.

On nomme *intervalle* la distance d'un son à un autre, plus grave ou plus aigu ; c'est l'espace qu'on aurait à parcourir pour arriver à l'unisson de l'autre.

En partant d'un son quelconque, le plus faible intervalle que notre oreille puisse bien apprécier est ce qu'on appelle un *demi-ton*. En musique [1], la voix humaine et les instrumens n'exécutent pas d'intervalle moindre qu'un demi-ton.

L'intervalle de deux demi-tons se nomme intervalle d'*un ton*.

Si nous partons d'un son quelconque, et que nous parcourions successivement, soit en montant soit en descendant, *douze* demi-tons, il arrive une chose remarquable. Le treizième son a beaucoup de ressemblance avec celui d'où nous sommes partis. Ces deux sons s'accordent parfaitement ; cepen-

(1) Nous avons cru pouvoir établir ce principe général, malgré ce qu'on rapporte de la musique ancienne et de celle de quelques peuples modernes. On ne nous reprochera sans doute pas de n'avoir admis, dans un traité élémentaire, que ce qui doit se présenter dans la pratique.

dant ils ne sont pas absolument les mêmes, car l'oreille les distingue. Quand un homme et une femme chantent ensemble le même air, quoique ces deux voix s'accordent, on reconnaît pourtant que la voix de l'homme est plus grave que celle de la femme. L'oreille sait bien que ce ne sont pas deux hommes ou deux femmes qui chantent *à l'unisson*.

Le son qui est séparé d'un autre par l'intervalle de douze demi-tons se nomme *octave*, par une raison que nous expliquerons bientôt. L'*octave* a tant de rapport avec le son qui a servi de point de départ, que l'on dit d'un chœur qu'il *chante à l'unisson*, bien qu'il soit composé de voix d'hommes et de femmes ; on dit pareillement d'un orchestre qu'il *joue à l'unisson*, quoique les nombreux instrumens dont il se compose exécutent ensemble le même chant à différentes *octaves*.

La série des demi-tons est peu agréable à l'oreille ; la série des tons l'est encore moins. La voix humaine a de la peine à exécuter la première ; quatre tons de suite lui présentent déjà des difficultés. Le charme consiste dans la succession des tons et des demi-tons. Cette succession se trouve dans un chant quelconque.

Si, pour atteindre l'*octave supérieure*, on entremêle les tons et demi-tons dans l'ordre suivant : *un ton, un ton, un demi-ton, un ton, un ton, un ton, un demi-ton*, on aura exécuté la *gamme*.

La *gamme* est donc une série de sons disposés de manière que , du point de départ , que nous appellerons premier *degré*, au degré supérieur, il y ait un ton ; du deuxième degré au troisième , un ton , etc.

Composition de la gamme.

du 1ᵉʳ au 2ᵉ degré , ... 1 ton.

du 2ᵉ au 3ᵉ — . . . . . . 1 ton.

du 3ᵉ au 4ᵉ — . . . . . . ½ ton.

du 4ᵉ au 5ᵉ — . . . . . . 1 ton.

du 5ᵉ au 6ᵉ — . . . . . . 1 ton.

du 6ᵉ au 7ᵉ — . . . . . . 1 ton.

du 7ᵉ au 8ᵉ — . . . . . . ½ ton.

Comme on le voit, la *gamme* est composée de *cinq tons* et *deux demi-tons* ; les deux demi-tons sont placés du *troisième* au *quatrième degré,* et du *septième* au *huitième.*

La gamme s'arrête sur ce huitième son , qui est comme la reproduction du premier ; et c'est parce qu'il est le huitième qu'on le nomme *octave*, d'un mot latin qui signifie *huitième.*

Pour chanter la gamme , on fait usage de sept syllabes, qu'on articule successivement avec les sept premiers sons qui la composent. Ces syllabes sont : *ut* [1], *ré, mi, fa , sol, la, si.* Elles deviennent le nom

_____

(1) Les Italiens se servent de la syllabe *do,* au lieu de la syllabe *ut.*

même des sons. Il n'y a pas de syllabe nouvelle pour le huitième degré de la gamme, ou l'*octave :* on le nomme *ut*, comme le premier. Cet *ut* supérieur devient lui-même la base ou point de départ d'une autre gamme, dont tous les sons reçoivent successivement le même nom que ceux de la première. *Ut, ré, mi*, etc., dans cette nouvelle gamme, sont dits être à l'*octave supérieure* des mêmes notes dans la première.

CHAPITRE II.

Musique écrite. — Portée, notes, gamme écrite.

De même que l'homme a fait usage de la parole avant d'inventer l'écriture, de même il a chanté et joué de certains instrumens avant d'avoir su écrire ses idées musicales. Le désir de fixer, de conserver, de transmettre un chant agréable a conduit à la recherche et à l'invention d'un système d'écriture musicale, ou de *notation*.

Depuis les temps anciens, on s'est servi de différens procédés pour écrire la musique. Nous ne parlerons que de celui auquel les modernes se sont définitivement arrêtés.

Nous avons vu que la série des sons fournie par la nature, soit en montant soit en descendant, forme une sorte d'*échelle*. Par analogie, nous employons, pour écrire la musique, une espèce d'échelle, sur laquelle nous plaçons, à un degré plus ou moins élevé, les signes des différens sons, suivant qu'ils sont plus ou moins aigus, plus ou moins graves. Les signes des sons s'appellent *notes*. *Ut, ré, mi, fa, sol, la, si*, sont les sept notes de la gamme.

Cinq lignes horizontales forment les échelons de

cette échelle. La réunion de ces cinq lignes se nomme *portée.*

Portée.

5e _____

4e _____

3e _____

2e _____

1re ligne _____

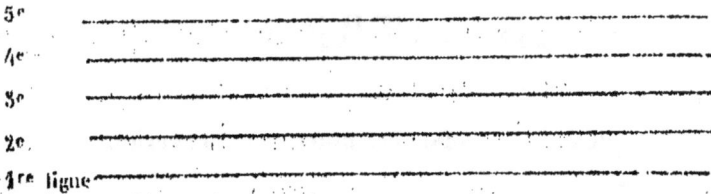

On compte les lignes en partant de la ligne inférieure : ainsi la *cinquième* est la plus élevée. Par conséquent la note placée sur cette cinquième ligne représentera le son le plus *aigu* que l'on puisse écrire sur cette portée.

La *portée* présente quatre *interlignes,* ou espaces compris entre les lignes.

Interlignes :

4e _____

3e _____

2e _____

1e _____

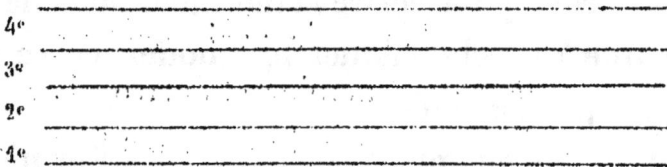

Les *interlignes* reçoivent aussi des notes.

Si l'on part de la première ligne comme d'un premier degré, le deuxième degré sera dans la première *interligne,* etc.

Exemple :

1er degré 2e 3e 4e 5e 6e 7e 8e 9e

La portée ne suffit pas pour recevoir tous les sons que peut parcourir la voix humaine, et surtout la plupart des instrumens. Quand on veut noter un son plus aigu et plus grave que ceux qu'elle peut contenir, il faut y ajouter de nouveaux échelons, c'est-à-dire des lignes supplémentaires. Mais l'on ne donne pas à ces nouvelles lignes la longueur des autres : on emploie des fragmens de lignes qui ne servent que pour une note, et qu'on répète pour chaque note qui l'exige.

Exemple:

C'est ici comme si la portée avait neuf lignes, au lieu de cinq. Mais cette manière d'écrire a l'avantage d'être plus claire : si l'on donnait neuf lignes à la portée, il serait impossible de s'y reconnaître.

Nous avons vu que la gamme se compose de cinq tons et deux demi-tons. Si nous voulons écrire la gamme sur la portée, il faut faire une remarque essentielle. Les demi-tons, qui, pour l'oreille, ne sont que la moitié d'un ton, seront cependant traités comme les tons, c'est-à-dire qu'un intervalle exactement pareil pour l'œil représentera tantôt un ton, tantôt un demi-ton. Ainsi *mi* occupera le degré le

plus voisin de *ré* (en montant), et *fa* le degré le
plus voisin de *mi*, quoique de *ré* à *mi* il y ait un ton,
et de *mi* à *fa* seulement un demi-ton.

Exemples :

[Appelons *ut* la note placée sur la première ligne.]

demi-ton   demi-ton

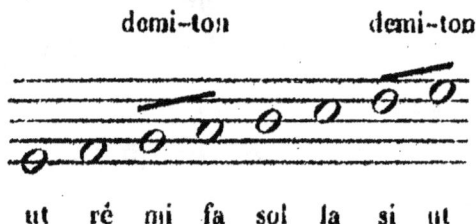

ut   ré   mi   fa   sol   la   si   ut

[Appelons *ut* la note placée sur la première ligne supplémentaire
au-dessous de la portée.]

demi-ton   demi-ton

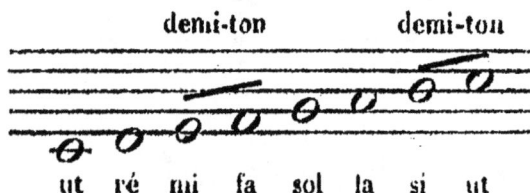

ut   ré   mi   fa   sol   la   si   ut

En comparant cet exemple au précédent, on voit
que les demi-tons ont changé de place sur la portée.
Dans celui-ci, de la note assise sur la première ligne
à la suivante, en montant (*mi*, *fa*), et de la note
assise sur la troisième ligne à la suivante (*si*, *ut*), il
n'y a qu'un demi-ton ; dans le premier exemple, il
y avait un ton entier.

CHAPITRE III.

On aurait pu convenir que telle note de la gamme aurait été placée invariablement sur une certaine ligne, par exemple *sol* sur la seconde; alors il eût été facile d'assigner leur place aux autres notes, d'après les intervalles qui les auraient séparées de cette note primitive.

Exemple :

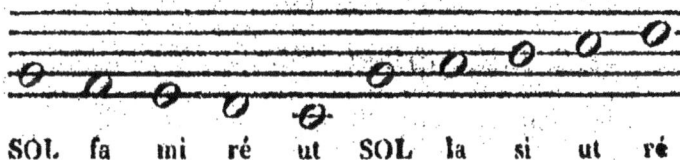

SOL fa mi ré ut SOL la si ut ré

Mais si, à partir de la note la plus grave de cet exemple, *ut,* nous voulions parcourir une octave en descendant, on voit qu'il faudrait employer un grand nombre de lignes supplémentaires ; ce qui rendrait très difficiles et l'écriture et la lecture de la musique. Pour remédier à cet inconvénient, il fallait trouver un moyen de jeter sur la portée cette nouvelle gamme, en changeant la place de la première note. Ainsi, au lieu de mettre *ut* sur la pre-

mière ligne supplémentaire au-dessous de la portée,
si on le mettait sur la première ligne supplémentaire au-dessus, l'octave que nous venons de supposer serait à peu près contenue dans les limites de la
portée :

UT si la sol fa mi ré UT

Et l'on pourrait facilement descendre encore de
plusieurs degrés :

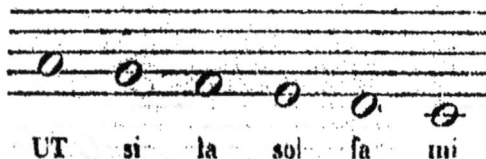

UT si la sol fa mi

Pour obtenir cet avantage, on a imaginé des
signes qui affectent à telle ligne de la portée le nom
d'une certaine note. Ces signes se nomment *clefs*,
parce qu'ils sont comme la clef du chant. Ce n'est
qu'à l'inspection de la clef que l'on peut connaître
et nommer les différentes notes assises sur la portée.

Il y a deux clefs principales : la *clef de sol*, et la
clef de fa. Elles ont la forme suivante :

Clef de sol.   Clef de fa.

La *clef de sol* se pose sur la seconde ligne, et la note placée sur cette ligne s'appelle *sol*. La *clef de fa* se pose sur la quatrième ligne, de manière que cette ligne se trouve entre les deux points de la clef: la note placée sur cette ligne s'appelle *fa*.

Exemple:

sol   fa

Le *fa* de cet exemple serait, à la *clef de sol*, placé sur la troisième ligne supplémentaire au-dessous de la portée :

Au moyen de ces deux clefs, on peut parcourir facilement *quatre octaves* :

ECHELLE DE

Exemple:

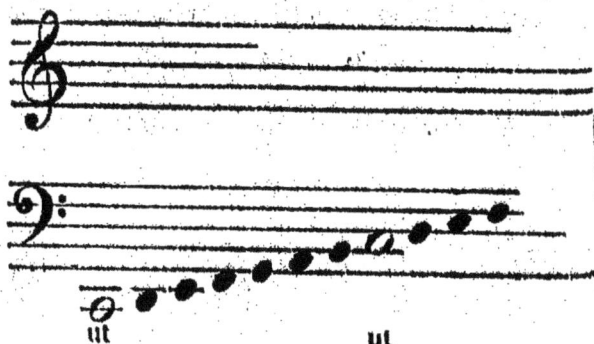

ut   ut

On peut encore descendre ou monter davantage, en ajoutant des lignes supplémentaires au grave ou à l'aigu.

Quoique ces deux clefs suffisent pour noter toute la musique, on fait usage encore d'une ancienne clef, que l'on nomme *clef d'ut*, et qui se figure ainsi 𝄡. Elle se pose sur la *première*, la *troisième* et la *quatrième* lignes. Elle donne le nom d'*ut* à la note placée sur la même ligne qu'elle :

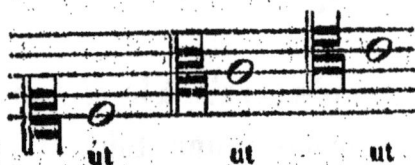

Ces trois *ut* représentent le même son. Ils sont les mêmes que les suivans :

ATRE OCTAVES.

Nous avons vu que la *clef de fa* offre un moyen clair et commode de continuer au grave l'échelle des sons que la portée ne peut contenir à la *clef de sol*. Mais cette échelle peut être aussi prolongée à l'aigu. Dans ce cas, lorsqu'un passage s'éloigne par trop de la portée, au lieu d'employer un grand nombre de lignes supplémentaires, qui rendraient la musique presque indéchiffrable, on est convenu de le noter une octave plus bas, en indiquant par un signe qu'il faut exécuter une octave au-dessus. Ce signe est le chiffre 8 suivi d'un petit *a*, 8ᵃ (c'est-à-dire *octava*, octave), et d'une ligne tremblée qui se prolonge au-dessus de toutes les notes que l'on veut élever d'une octave.

Exemple :

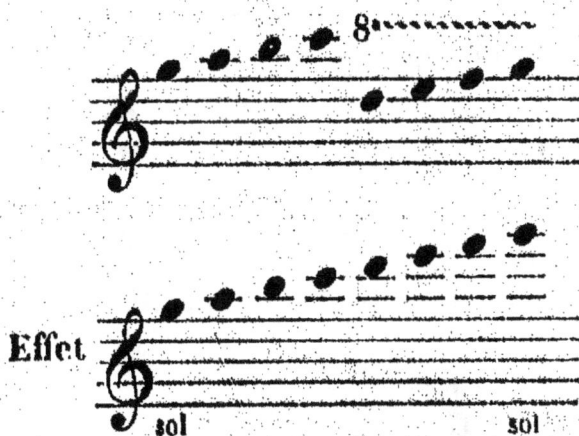

Quand on veut redescendre d'une octave, on fait cesser cette ligne tremblée, et l'on écrit le mot italien *loco*, qui veut dire *en place*.

CHAPITRE IV.

Noms des intervalles de la gamme.

La *clef de sol* étant la plus usitée, nous nous en servirons de préférence pour écrire nos exemples.

Gamme à la *clef de sol.*

Gamme en montant, *ou* montante, *ou* ascendante.

Gamme en descendant, *ou* descendante.

ut   si   la   sol   fa   mi   ré   ut

Deux notes placées sur le même degré, et entre lesquelles il n'y a aucun intervalle[1], sont à *l'unisson.*

unisson :

(1) Nous verrons plus tard que deux notes, quoique placées sur la même ligne ou dans la même interligne, pourraient avoir entre elles l'intervalle d'un demi-ton.

Chacun des huit degrés de la gamme a reçu un nom différent. Le premier, ou la première note de la gamme, s'appelle *tonique* ou *note du ton*. Quand on a une gamme dont *ut* est la *tonique*, on dit qu'on est dans le *ton d'ut*. Le mot *ton* a ici un sens différent de celui qu'il avait quand nous posions qu'un *ton* est l'intervalle de *deux demi-tons*. On dit qu'un morceau est dans le *ton d'ut* parce que dans ce cas le son *ut* est le son par excellence, celui autour duquel tous les autres semblent rouler.

La deuxième note de la gamme se nomme *seconde*, la troisième *tierce*, la quatrième *quarte*, la cinquième *quinte*[1], la sixième *sixte*, la septième *septième*, ou *note sensible*, ou simplement *sensible*, et la huitième *octave*, ainsi que nous l'avons déjà vu.

Exemple:

Tonique   seconde   tierce   quarte   quinte   sixte   septième   octave

Entre la *tonique* et la *seconde* il y a un intervalle

(1) On donne quelquefois à la quinte le nom de *dominante*, à la tierce celui de *médiante*, et à la quarte celui de *sous-dominante*.

de *seconde*, entre la *tonique* et la *tierce* un intervalle de *tierce*, entre la *tonique* et la *quarte* un intervalle de *quarte*, etc.

Exemple:

Intervalles de de de de de de d'octave
seconde tierce quarte quinte sixte septième

Si, en partant de la *seconde*, on va à la *tierce*, à la *quarte*, etc., on aura franchi un intervalle de *seconde*, de *tierce*, etc.

Exemple:

Intervalles de de
seconde tierce

Par analogie, on trouvera dans l'exemple suivant les intervalles:

de de de de
quinte sixte seconde quarte

L'intervalle d'une note au neuvième degré supérieur s'appelle *neuvième :*

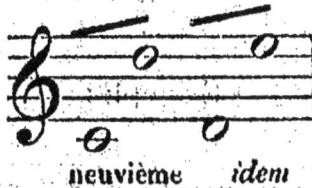

neuvième   *idem*

L'intervalle d'une note au dixième degré supérieur se nomme *dixième.* La *dixième* est la *tierce*
de l'octave supérieure. En continuant cette pro-
gression, on trouve la *onzième,* la *douzième,* la *treizième,* etc.

Quand il y a entre deux notes l'intervalle de deux
octaves, on dit que l'une est la *double octave* de
l'autre.

Quand on suit, en montant ou en descendant,
l'échelle des notes telle que la présente la gamme,
on dit qu'on procède par degrés *conjoints* ou *diatoniques.* Si l'on franchit des intervalles plus grands
que ceux que présente la gamme, c'est-à-dire plus
grands que l'intervalle de *seconde,* on procède par
degrés *disjoints.*

Comme, dans la gamme, il y a des tons et des
demi-tons, tous les intervalles de *seconde,* de *tierce,*
de *quarte,* etc., ne conservent pas une valeur fixe, et
ne renferment pas toujours la même somme de tons
et de demi-tons. Par exemple la tierce *ré fa* n'est
pas égale à la tierce *ut mi :* la première est compo-

sée d'*un ton et demi*; la seconde, de *deux tons*. Cette
dernière tierce est donc plus grande : pour cette
raison on l'appelle *majeure*; la première se nomme
mineure.

Exemple :

tierce mineure   tierce majeure

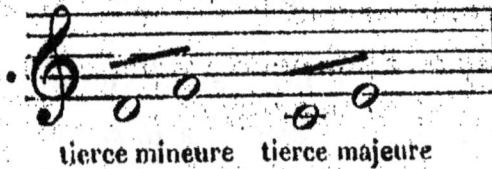

Nous avons dit que l'*octave* s'accordait très bien
et se confondait presque avec la *tonique*. La *tonique*
combinée avec la *tierce*, ou avec la *quinte*, offre aussi
une harmonie agréable à l'oreille. La succession
ou la réunion de la *tonique*, de la *tierce* et de la
quinte (auxquelles on peut joindre l'*octave*), se
nomme *accord parfait*.

Accord parfait :

CHAPITRE V.

Des Signes accidentels.

Nous avons vu que la distance d'un son, pris comme *tonique*, à son octave supérieure ou inférieure, comprenait *douze demi-tons*. Nous savons déjà la manière de noter deux d'entre eux. Le demi-ton de la *tierce* à la *quarte*, et celui de la *sensible* à l'*octave*, s'écrivent exactement de la même manière que les tons, c'est-à-dire que la *quarte* se pose sur le degré immédiatement supérieur à la *tierce*, et l'*octave* sur le degré immédiatement supérieur à la *sensible*. Mais nous ignorons le moyen de noter les autres demi-tons.

Par exemple, entre la *tonique* et la *seconde* (*ut ré*), il y a *un* ton. Pour écrire le son contenu entre *ut* et *ré*, et placé à une égale distance de l'un et de l'autre, on fait usage d'un signe qui élève d'un demi-ton la note devant laquelle il est placé. Ce signe se nomme *dièse*, et se figure ainsi, ♯. Conséquemment, en affectant l'*ut* d'un *dièse*, nous aurons le son intermédiaire compris entre *ut* et *ré*. On dit alors que la note cesse d'être *naturelle*[1], et qu'elle est *dièsée :* au lieu d'*ut*, on dit *ut dièse*.

(1) Nous signalerons, comme on l'a fait bien des fois, l'inexacti-

ut dièse

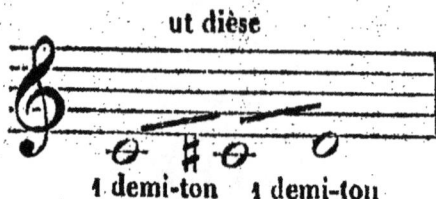

1 demi-ton   1 demi-ton

Entre *ré* et *mi*, on peut également intercaler un demi-ton, qu'on écrira *ré* ♯.

En restituant ainsi les demi-tons partout où ils ont été supprimés dans la gamme *naturelle*[1], on obtiendra l'échelle des *douze demi-tons*.

Exemple :

Au lieu de concevoir le son intermédiaire contenu entre *ut* et *ré* comme un *ut élevé*, on peut également le concevoir comme un *ré abaissé*. Par conséquent un signe qui abaisserait *ré* naturel d'un demi-ton opérerait le même effet qu'un *dièse* de-

---

tude de cette expression. Le son que nous nommons *ut dièse* est tout aussi *naturel*, ou *dans la nature*, que celui que nous nommons simplement *ut*. Par note *naturelle* on entend simplement que cette note n'est pas affectée d'un signe qui en modifie l'intonation.

(1) Voir la note précédente. *Gamme naturelle* veut dire une gamme dont les notes ne sont pas précédées d'un signe qui en altère l'intonation.

vant *ut.* Ce nouveau signe, qui a la propriété d'a-baisser d'un demi-ton la note devant laquelle il est placé, se nomme *bémol,* et se figure ainsi, ♭. A l'aide du *bémol,* comme à l'aide du *dièse,* on peut écrire les *douze demi-tons* compris entre deux octaves.

Exemple :

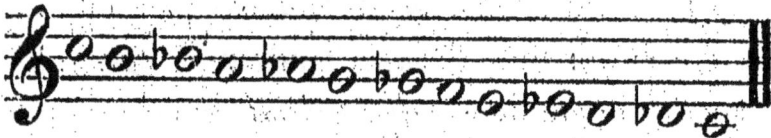

Cette gamme, ainsi que la précédente, c'est-à-dire une gamme qui procède par demi-tons, se nomme *gamme chromatique,* par opposition à la gamme *diatonique* ou *naturelle,* dont nous avons parlé jusqu'ici.

Quand une note a été altérée par un *dièse* ou un *bémol,* et qu'on veut lui redonner le son qu'elle avait primitivement, ou la rendre *naturelle,* on fait usage d'un troisième signe, qu'on nomme *bécarre,* ♮.

En résumé, le *dièse* élève d'un demi-ton la note devant laquelle il est placé; le *bémol* abaisse la note d'un demi-ton; *le bécarre* détruit l'effet du *dièse* ou du *bémol.*

Ces trois signes sont appelés *signes accidentels,* ou *accidens,* parce qu'ils modifient accidentellement l'intonation d'une note.

CHAPITRE VI.

Des altérations des Intervalles.

Nous avons dit que les différens degrés de la gamme avaient reçu un nom particulier. L'emploi des *dièses* et des *bémols* modifie ces intervalles sans en changer le nom. Ainsi l'intervalle *ut mi* ♭ est moindre que l'intervalle *ut mi* naturel; l'intervalle *ré fa* ♯ est plus grand que l'intervalle *ré fa* naturel.

Les intervalles sont *justes*, ou *diminués*, ou *augmentés*.

Exemple:

SECONDE.

mineure   majeure   augmentée

TIERCE.

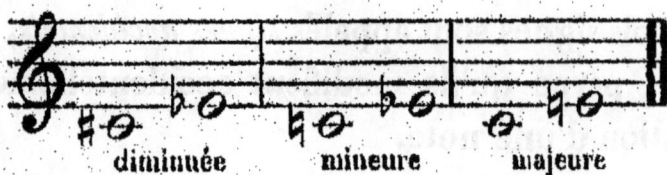

diminuée   mineure   majeure

INTERVALLES ALTÉRÉS.

QUARTE.

diminuée   juste   augmentée

QUINTE.

diminuée   juste   augmentée

SIXTE.

mineure   majeure   augmentée

SEPTIÈME.

diminuée   mineure   majeure.

CHAPITRE VII.

Des Figures de notes, ou Valeurs.

Jusqu'ici nous n'avons envisagé les sons que sous le rapport de leur plus ou moins d'élévation, et nous avons fait connaître comment l'écriture musicale distingue les sons aigus des sons graves. En un mot, nous n'avons parlé que de ce qu'on nomme les *signes d'intonation*.

Les sons ont aussi plus ou moins de *durée*. En même temps qu'on pose les notes sur tel ou tel degré de la portée, pour déterminer l'intonation qu'elles doivent avoir, on peut indiquer par leur configuration si elles doivent s'exécuter plus ou moins vite.

Il y a *sept figures* de notes, dont chacune a une valeur différente : la *ronde*, la *blanche*, la *noire*, la *croche*, la *double croche*, la *triple croche*, et la *quadruple croche*.

Figures de notes :

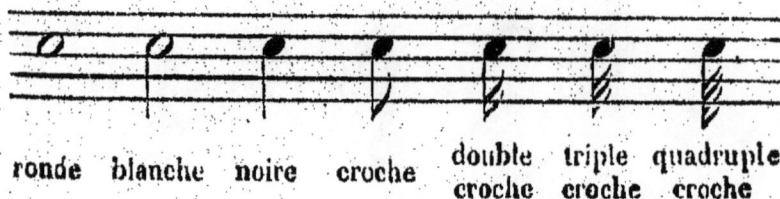

ronde   blanche   noire   croche   double triple quadruple
croche croche croche

2

La *ronde* est la *valeur* la plus longue : les autres en sont des subdivisions.

Une ronde vaut :

2 blanches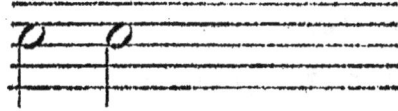

4 noires

8 croches

16 doubles croches

32 triples croches

64 quadruples croches [1]

(1) On trouve quelquefois des *quintuples croches*. La quintuple croche prend à sa queue *cinq* traits ou crochets.

Une *blanche* vaut 2 *noires*, 4 *croches*, 8 *doubles croches*, 16 *triples croches*, 32 *quadruples croches*.

Une *noire* vaut 2 *croches*, 4 *doubles croches*, 8 *triples croches*, 16 *quadruples croches*.

Une *croche* vaut 2 *doubles croches*, 4 *triples croches*, 8 *quadruples croches*.

Une *double croche* vaut 2 *triples croches*, 4 *quadruples croches*.

Une *triple croche* vaut 2 *quadruples croches*[1].

Remarques. 1° Il est indifférent que la queue des *blanches*, des *noires*, des *croches*, etc., soit placée en haut ou en bas. En général, les notes élevées ont la queue en bas ; les notes graves ont la queue en haut. Le changement a lieu vers le milieu de la portée.

2° Dans la musique instrumentale, on groupe les *croches*, les *doubles croches*, etc., par deux ou par quatre, quelquefois les *triples croches* par huit. Cette réunion facilite la lecture.

3° Dans le chant, on sépare toutes les *croches*, *doubles croches*, etc., qui sont affectées à une syllabe différente.

4° Nous n'avons point donné, dans le tableau des figures de notes, un ancien signe qui a la valeur de *deux rondes*, et qu'on appelle *carrée*. Il est très peu usité aujourd'hui.

---

(1) Une *quadruple croche* vaut deux *quintuples croches*.

Ancienne note dite carrée :

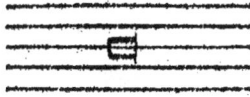

Des Triolets.

Nous venons de voir que la *blanche* équivaut à deux *noires*, la noire à deux *croches*, etc. Quelquefois aussi la *noire* ne vaut que le *tiers* de la *blanche*, au lieu d'en valoir la *moitié*, c'est-à-dire qu'il faut exécuter *trois noires* dans le même espace de temps qu'*une blanche*. On indique cette circonstance par le chiffre 3 placé au-dessus des notes dont on veut précipiter ainsi l'exécution. Les trois notes surmontées de ce chiffre forment ce qu'on appelle un *triolet*.

Exemple :

Le *triolet* est plus fréquent pour les *croches*, les *doubles croches* et les *triples croches*.

Exemples :

Valeurs égales

1 noire   2 croches   3 croches

Valeurs égales

1 croche   2 doubles croches   3 doubles croches

Au lieu de placer ce 3 sur chaque groupe de *triolets*, on se contente assez souvent de le mettre au-dessus des premiers, et même seulement du premier ; la figure seule des groupes suivans indique suffisamment la continuation des *triolets*.

Quand on réunit ensemble deux *triolets*, on a un *double triolet* ; il se marque par le chiffre 6.

Exemple :

1 blanche   2 noires   4 croches   6 croches

(1) On trouve quelquefois le chiffre 5 au-dessus d'un groupe de cinq notes (*croches* ou *doubles croches*, etc.). Il faut alors exécuter ces *cinq* notes dans le même temps que *quatre*.

De même un 9, placé au-dessus de neuf *doubles croches* ou *triples croches*, indique qu'il faut les exécuter dans le même temps que *six*.

Exemple :

6 doubles croches   9 doubles croches

CHAPITRE VIII.

Du Point.

LE *point*, placé après une note, sert à en prolon-
large durée. Il l'augmente de la moitié de sa valeur.
Ainsi une *ronde pointée* équivaut à 3 *blanches*, une
blanche pointée équivaut à 3 *noires*, une *noire pointée*, à 3 *croches*, etc.

Exemples :

Valeurs égales

1 ronde pointée 3 blanches

Valeurs égales

Valeurs égales

Et ainsi de suite.

Puisque le *point*, placé après la *blanche*, vaut une
noire, il vaudra deux *croches*, quatre *doubles cro-*

ches, etc.; et d'après le tableau des valeurs donné ci-dessus, on obtiendra les subdivisions suivantes :

Une *blanche pointée* vaut :

3 noires,

6 croches,

12 doubles croches,

24 triples croches,

48 quadruples croches.

Une *noire pointée* vaut:

3 croches,

6 doubles croches,

12 triples croches,

24 quadruples croches.

Et ainsi de suite.

Dans la musique moderne, on trouve assez souvent, après une note, *deux points* à la suite l'un de l'autre. Le second point vaut alors la moitié du premier, et la note se trouve augmentée de la moitié, plus le quart, ou des *trois quarts* de sa valeur. *Deux points* après une *blanche* valent 3 *croches*; *deux points* après une *noire* valent 3 *doubles croches*, etc.

Exemples:

Valeurs égales

Valeurs égales

CHAPITRE IX.

De la Mesure.

Mesures simples, — composées.

Un morceau de musique quelconque a une certaine durée. Pour mesurer cette durée totale, on la décompose en un nombre plus ou moins grand de parties égales.

On appelle *une mesure* une durée plus ou moins longue que l'on prend pour unité. Le morceau entier n'est que la somme de ces mesures.

Plus les mesures seront longues, et moins il y en aura dans le morceau. Au contraire, elles seront d'autant plus nombreuses qu'elles seront plus courtes.

Dans la musique écrite, chaque *mesure*[1] est ren-

(1) La pauvreté de la langue musicale, que nous avons déjà signalée à propos du mot *ton*, tend perpétuellement à introduire de l'obscurité dans le langage. Ainsi le mot *mesure* a plusieurs sens : 1° c'est la valeur idéale qui sert d'unité pour mesurer la durée totale d'un morceau; 2° dans la musique écrite, une *mesure* est la somme des valeurs comprises entre deux barres. On dit encore d'un exécutant, qu'il *sent la mesure*, qu'il *a* ou *n'a pas de mesure*, suivant son aptitude à donner exactement leur valeur aux différens signes de durée.

fermée entre deux barres qui traversent perpendiculairement la portée. Par ce moyen, l'œil isole chacune de ces mesures, et apprécie beaucoup plus facilement les différentes valeurs qui la composent.

La *ronde* et la *blanche pointée* sont les deux valeurs que l'on prend le plus souvent pour unité de mesure.

Comme la ronde admet une infinité de substitutions, pour faciliter la lecture, on décompose par la pensée chaque *mesure* en un certain nombre de parties égales qu'on nomme *temps*. Cette division se fait en deux ou en quatre parties.

Quand on divise la ronde en deux parties, on a la *mesure à deux temps*, ou simplement la *mesure à deux*.

Quand on divise la ronde en quatre parties, on a la *mesure à quatre temps*, ou *à quatre*.

La blanche pointée se divise en trois parties : la mesure qui prend cette valeur pour unité se nomme *mesure à trois*.

Dans la *mesure à deux*, chaque temps est une blanche. Dans la *mesure à quatre*, chaque temps est une noire, comme aussi dans la *mesure à trois*.

On nomme *demi-temps* la moitié d'un temps. Dans la mesure *à deux*, chaque demi-temps est une noire; dans les mesures *à quatre* et *à trois*, chaque demi-temps est une croche.

Les trois différentes *mesures* dont nous venons

de parler s'indiquent par un chiffre ou une lettre placés au commencement d'un morceau, après la clef. La mesure *à deux* se marque par un 2 ou un ¢ ; la mesure *à quatre* par un C, et la mesure *à trois* par un 3.

Ces trois mesures sont dites *simples*, parce qu'elles se marquent par un seul chiffre ou une seule lettre.

Exemples :

On appelle *battre la mesure* marquer le premier temps de chaque mesure, c'est-à-dire frapper la première note qui se présente après une *barre*.

On bat la mesure avec le pied ou avec la main.

Quand on bat la mesure avec la main, on marque par de certains mouvemens chacun des temps de la mesure.

Pour battre la mesure *à deux*, on frappe le premier temps et on lève l'autre ; puis on frappe de nouveau le premier temps de la mesure suivante, en ayant soin de faire tous les temps égaux.

Exemple :

2ᵉ temps.

1ᵉʳ temps.

Pour battre la mesure *à trois*, on frappe le premier temps, on porte le second à droite, et on lève le troisième. On retombe ensuite sur le point d'où l'on est parti, pour frapper le premier temps de la mesure suivante.

Exemple :

3ᵉ

2ᵉ

1ᵉʳ temps.

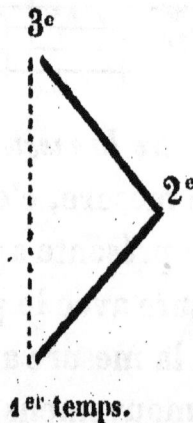

On peut aussi, comme les Italiens, porter le second temps à gauche.

Pour battre la mesure *à quatre*, on frappe le premier temps, on porte le second à gauche, le troisième à droite, et on lève le quatrième. Puis l'on redescend perpendiculairement pour frapper le premier temps de la mesure suivante.

Exemple :

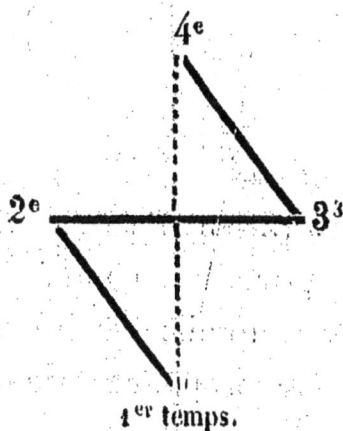

1er temps.

La première mesure d'un morceau peut n'être pas complète. Il faut alors, en battant la mesure, commencer par le *temps* qu'indiquent les valeurs contenues dans cette mesure incomplète.

Exemples :

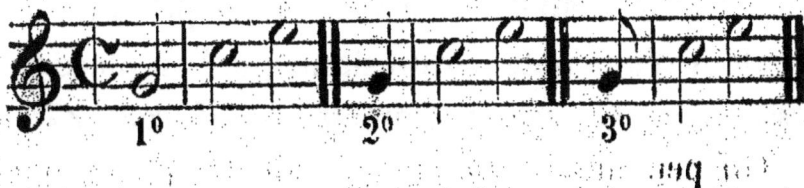

Dans ces trois exemples, on dit qu'on commence

en levant. Le *sol* du premier exemple forme une *demi-mesure.*

Autres:

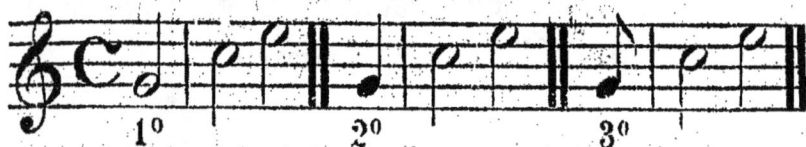

Dans le premier de ces exemples, on commence dans le troisième temps; dans le second, on commence *en levant;* dans le troisième, on commence également *en levant,* mais le quatrième temps n'est pas même complet: il n'y a qu'un *demi-temps.*

Autres:

Dans le premier exemple, on commence *en levant;* dans le second, on commence également *en levant,* mais on ne fait qu'un *demi-temps;* dans le troisième, on ne donne à la note que le quart d'un temps.

On altère quelquefois la mesure en prolongeant la valeur d'une note par un signe que l'on place au-dessus d'elle. Ce signe se nomme *point d'orgue,* ⌢ ·

Point d'orgue.

Le *point d'orgue* se met sur toutes les valeurs.

La note surmontée d'un *point d'orgue* n'a pas une durée bien précise ; c'est le sentiment qui décide à cet égard.

***

Mesures composées.

Les *mesures composées* ont reçu ce nom parce qu'elles se marquent avec deux chiffres, dont l'un est placé au-dessous de l'autre.

Le chiffre inférieur indique en combien de parties la *ronde* a été partagée ; le chiffre supérieur indique combien de ces parties entrent dans la mesure [1].

Par exemple, si nous voyons $\frac{2}{4}$ à la clef, le chiffre inférieur nous apprendra que la ronde a été divisée en *quatre parties* (c'est-à-dire en *noires*), et le chiffre

---

(1) Ces deux chiffres présentent une véritable fraction : le chiffre supérieur est le multiplicateur, le chiffre inférieur est le dénominateur.

supérieur, qu'il entre dans la mesure *deux* de ces parties (ou *deux noires*).

Mesure à *deux quatre.*

Si nous nous rappelons le tableau des valeurs, nous saurons que ces deux noires peuvent admettre comme substitutions : une *blanche*, quatre *croches*, huit *doubles croches*, etc.

Substitutions équivalentes à *deux noires :*

et ainsi de suite.

Si l'on a $\frac{3}{8}$ à la clef, le chiffre 8 indiquera que la *ronde* a été divisée en *huit* parties (c'est-à-dire en *croches*), et le chiffre 3, qu'il entre dans la mesure *trois* de ces parties (ou *trois croches*).

Mesure à *trois huit.*

Substitutions équivalentes à *trois croches* :

Et ainsi de suite.

La mesure à *six huit*, que l'on indique ainsi, $\frac{6}{8}$, renferme *six croches*, ou leur valeur.

Mesure à *six huit*.

Les *mesures composées* se battent à *deux temps*, (quelquefois à *quatre*), quand le chiffre supérieur est pair; à *trois temps*, quand il est impair. Ainsi la mesure à *deux quatre* se bat à deux temps; il faut *une noire* pour chaque temps. La mesure à *trois huit* se bat à trois temps ; il faut *une croche* pour chaque temps. La mesure à *six huit* se bat à deux temps ; il faut *trois croches* pour chaque temps.

La mesure à *six huit* contient les mêmes valeurs que la mesure *à trois*; cependant elles diffèrent essentiellement pour l'oreille. La mesure *à trois* se bat à trois temps, et se divise par *noires*; la mesure *à six huit* se bat à deux temps, et se divise par *noi-*

res pointées. On a égard à cette différence pour grouper les valeurs qui appartiennent à un même temps.

Exemples :

Les chiffres superposés indiquent dans ces exemples les temps de la mesure. Dans le premier exemple, les notes marquées des chiffres 1, 2, 3, sont articulées plus fortement; dans le second, ce sont les notes marquées des chiffres 1 et 2.

Les mesures à $\frac{2}{4}$, à $\frac{3}{8}$ et à $\frac{6}{8}$ sont les mesures composées les plus usitées. Il en est encore d'autres que l'on rencontre quelquefois :

La mesure à *neuf huit*, qui contient *neuf* croches, et se bat à trois temps ;

La mesure à *douze huit*, qui contient douze croches, et se bat à quatre temps ;

Une ancienne mesure à *trois deux*, qui contient *trois blanches*, et se bat à trois temps.

Mesure à *neuf huit.*

Mesure à *douze huit.*

Mesure à *trois deux.*

▸ *Remarque.* Quoique la mesure à *douze huit* ne soit pas fort en usage, il y a souvent dans la musique des passages qu'on pourrait noter à cette mesure, et que l'on écrit à l'aide d'un équivalent. On se sert de la mesure *à quatre :* on convertit les *huit* croches en *triolets*, ce qui produit *douze croches*, précisément le nombre des croches qui entrent dans la mesure à *douze huit.*

Exemple :

[Mesure à *douze huit.*]

Effet pareil :

[Mesure à *quatre.*]

CHAPITRE X.

Des Silences.

Jusqu'ici nous avons supposé que les sons, ou, si l'on veut, les nótes qui les représentent, se succédaient sans interruption. Mais, si l'on voulait introduire dans un chant quelque repos, il faudrait avoir un nouveau signe ou de nouveaux signes pour indiquer ce vide ou ce silence.

Pour répondre à ce besoin, il existe en musique des signes, appelés *silences*, qui indiquent que la succession des sons est interrompue par un repos.

Comme ce repos peut être plus ou moins long, il y a des *silences* de durées inégales. Il y a sept *silences*, qui correspondent à chacune des valeurs ou figures de notes.

On appelle *pause* un silence qui équivaut à une mesure entière, quelle qu'elle soit. La *pause* se figure ainsi[1] :

---

(1) On place la *pause* au-dessous d'une ligne quelconque, mais le plus souvent au-dessous de la *troisième* ou de la *quatrième*.

On écrit quelquefois, au-dessus ou au-dessous de la portée et perpendiculairement à la pause, le chiffre 1, qui signifie *une* pause.

Pause:

À la mesure *à deux* ou *à quatre*, la *pause* vaudra une *ronde*; à la mesure *à trois*, elle vaudra une *blanche pointée*; à la mesure *à trois huit*, elle ne vaudra que *trois croches*, etc.

Exemples :

Pause valant 1 ronde   3 noires   3 croches

Le *silence* qui équivaut à la *blanche* se nomme *demi-pause*. La *demi-pause* a la même forme que la *pause*, excepté qu'elle se place au-dessus de la ligne.

La noire a pour *silence* équivalent le *soupir* ₹ , la croche le *demi-soupir* ₹ , la double croche le *quart de soupir* ₹ , la triple croche le *demi-quart de soupir* ₹ , la quadruple croche le *seizième de soupir* ₹ .

Tableau des silences.

pause	demi-pause	soupir	demi-soupir

Valeurs correspondantes :

une mesure quelconque	blanche	noire	croche

quart de soupir	demi-quart de soupir	seizième de soupir

Valeurs correspondantes :

double croche	triple croche	quadruple croche

Les *silences* et les figures de notes constituent ce qu'on appelle les *signes de durée*.

Nous avons vu que le *point d'orgue* prolonge la durée des différentes valeurs. Le même signe, placé au-dessus des *silences*, produit un effet pareil. Ce signe se nomme alors *point d'arrêt*.

Point d'arrêt.

Il y a encore des *silences* d'une plus longue durée. On nomme *bâton* une barre épaisse et perpendiculaire qui embrasse une ou deux interlignes, et qui, selon sa longueur, équivaut à *deux* ou à *quatre pauses*, c'est-à-dire indique le silence de deux ou de quatre mesures.

Exemple:

Bâtons
de deux   de quatre
mesures.

A l'aide de ces deux *bâtons* et de la *pause*, on peut indiquer le silence d'un nombre quelconque de mesures.

Exemple:

15

Mais quand on veut *faire compter* un grand nom-

bre de *pauses*, on se contente d'en écrire le chiffre
dans la portée, avec le mot *pauses* au-dessous.

Exemple :

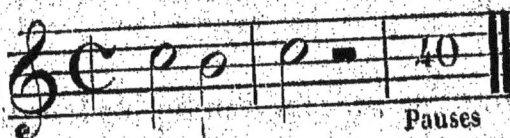

Pauses

Remarque. Dans la musique moderne, on emploie
quelquefois le point après un *silence*. Il remplit, dans
ce cas, le même office qu'après une note : il augmente le silence de la moitié de sa durée. On ne
le met guère qu'après le *demi-soupir* et le *quart de
soupir.*

Exemple :

Effets pareils.

CHAPITRE XI.

Des Dièses et des Bémols à la clef.

1° des Dièses à la clef.

Si l'on fait chanter à quelqu'un la gamme sans lui indiquer avec la voix ou un instrument le son de la *tonique*, ce qu'on appelle *donner le ton*, il prendra pour point de départ un son quelconque qu'il nommera *ut*, puis il continuera. Si, quelque temps après, on lui fait de nouveau chanter la gamme, il ne retrouvera plus le son d'où il est parti la première fois, et nommera *ut* un son différent. Cependant ces deux gammes auront beaucoup de ressemblance : les tons et demi-tons y seront disposés de la même manière. Une oreille peu exercée pourrait les croire exactement les mêmes.

A plus forte raison, plusieurs individus, chantant successivement la gamme, partiront d'un *ut* différent. Guidé par la nature, chacun parcourra, dans l'échelle des sons, la portion qui sera le plus favorable à sa voix.

Cependant toutes ces gammes doivent pouvoir

être notées. Si, au lieu de partir du son *ut*, nous
partons du son *ré*, il faudra, pour que la gamme
soit *juste*, c'est-à-dire conserve la position relative
des tons et demi-tons, il faudra, disons-nous, faire
subir à certaines notes de la gamme naturelle des
altérations de *dièse* ou de *bémol*.

Prenons un exemple; notons d'abord la gamme
naturelle sur la *clef d'ut, seconde ligne*, qui était
autrefois en usage :

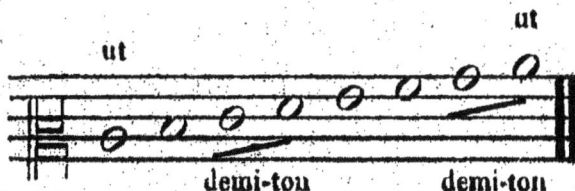

Supposons que j'aie chanté cette gamme sans
qu'on m'ait donné le ton ; qu'ensuite on cherche
sur un instrument quel est le son que j'ai nommé
ut, et qu'on trouve que ce son est *sol;* croyant
chanter la gamme d'*ut*, j'aurai effectivement chanté
la *gamme de sol : sol, la, si, ut, ré, mi, fa, sol.*

Maintenant je veux noter cette gamme. Il ne
suffira pas d'écrire simplement à la *clef de sol :*

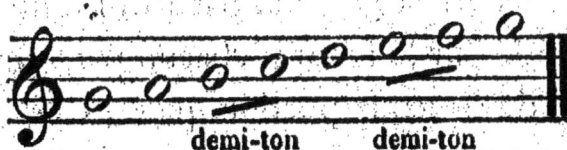

Car cette gamme n'est pas pareille à la précé-

dente. Le premier *demi-ton* est bien à la même place;
mais le second est entre la *sixte* et la *sensible*, au lieu
d'être entre la *sensible* et l'*octave*. Pour rétablir les
rapports, il faut augmenter l'intervalle entre le
sixième et le *septième* degré, et diminuer l'intervalle
entre le *septième* et le *huitième*, ou, ce qui revient
au même, il faut mettre un *dièse* au *fa*. Les intervalles compris entre les différens degrés de ces
deux gammes seront alors parfaitement égaux.

Exemple:

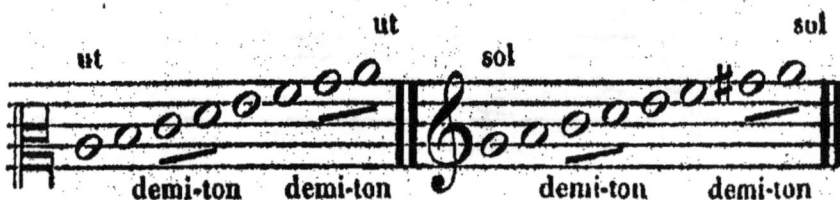

Comme *fa* ♯ devient un élément nécessaire de la
gamme ou du *ton* de *sol*, au lieu de répéter le *dièse*
autant de fois que le *fa* se présentera, on le met immédiatement après la clef sur la cinquième ligne,
c'est-à-dire sur la ligne où doit se trouver le *fa*.

Exemple:

Ainsi quand la clef est ainsi *armée* d'un *dièse*, tous
les *fa* seront *diésés*, à moins qu'un *bécarre* ne vienne
les rendre naturels. Le *bécarre* n'exercera son in-

fluence que sur le *fa* qui le suivra immédiatement et sur ceux de la même mesure ; quand un nouveau *fa* se présentera, il sera soumis à l'action du *dièse* qui est à la clef.

Puisque la note *fa*, qui était naturelle dans le ton d'*ut*, doit être convertie en *fa* ♯ dans le ton de *sol*, et cela pour que la gamme de *sol* ressemble à la gamme d'*ut*, il est aisé de s'assurer que la note *ut* deviendrait également *ut* ♯ dans le ton de *ré*, puisque cet *ut* deviendrait la *sensible* de *ré*, comme *fa* est devenu la *sensible* de *sol*. Or *sol* est la *quinte* d'*ut* ; *ré* est la *quinte* de *sol*. En continuant ainsi, et en prenant successivement pour point de départ la *quinte* du ton précédemment obtenu, on éprouverait le besoin d'un nouveau *dièse* à chaque nouvelle gamme. Ainsi, pour le ton de *la* (quinte de *ré*), il faudrait un *sol* ♯, en tout trois *dièses ;* pour le ton de *mi* (quinte de *la*), il faudrait un *ré* ♯, en tout *quatre dièses*, etc. Donc il est clair que, prenant successivement pour *tonique* toutes les notes qui forment une suite de *quintes* en montant, *ut, sol, ré, la, mi, si, fa* ♯, etc., la seconde note de cette suite (*sol*), en devenant *tonique*, nécessitera *un dièse* à la clef ; la troisième (*ré*) en nécessitera *deux*, la quatrième (*la*) en nécessitera *trois*, etc., de manière que chaque nouveau *dièse* se trouvera toujours sur la note *sensible* de la nouvelle tonique.

Si dans cette suite : *ut, sol, ré, la, mi*, etc., les

toniques sont distantes entre elles d'une *quinte*, il est évident que les *sensibles* de ces toniques seront également distantes d'une quinte :

Tonique. ut, sol, ré, la, mi, si, fa♯, ut♯.

Sensible. si, fa♯, ut♯, sol♯, ré♯, la♯, mi♯, si♯.

Donc les *dièses* se succéderont par intervalles de *quinte* en montant, à commencer par *fa* ♯. Ils se placent ainsi sur la clef :

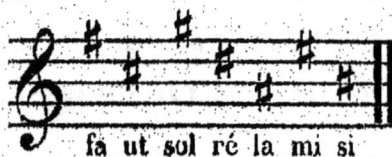

fa ut sol ré la mi si

D'après les observations faites sur la génération des tons (*sol* avec *un dièse*, *ré* avec *deux dièses*, *la* avec *trois dièses*, etc.), il est clair que l'on n'éprouvera jamais le besoin d'un dièse à la clef qu'après que le précédent y aura déjà été introduit : ainsi *ré*♯ présupposera *fa*♯, *ut*♯ et *sol*♯; en sorte que, s'il n'y a qu'*un* dièse à la clef, ce sera *fa*; s'il y en a deux *fa, ut*; s'il y en a trois, *fa, ut, sol*, etc.

2° Des Bémols à la clef.

Après ce que nous venons de dire sur les *dièses*, on comprendra facilement l'usage des *bémols* à la clef.

Soit la gamme naturelle, que nous notons à dessein sur la *clef de fa, troisième ligne*, dont on se servait autrefois :

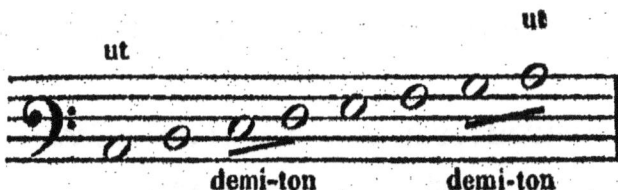

Comparons à cette gamme la gamme suivante :

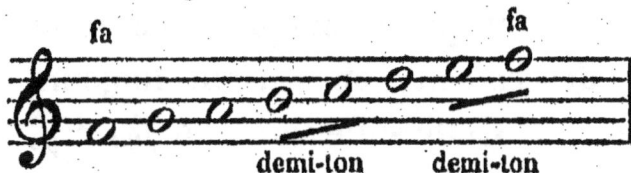

Cette seconde gamme est presque semblable à la première ; mais il y a, vers le milieu, une notable différence : le demi-ton se trouve de la *quarte* à la *quinte*, au lieu de se trouver de la *tierce* à la *quarte*. Donc la *quarte* est trop élevée d'un demi-ton ; on la baissera d'un demi-ton en la faisant précéder d'un *bémol*. Ce *bémol* aura de plus pour effet de rétablir le ton entier qui doit exister entre la *quarte* et la *quinte, si* ♭ *ut*. Nous aurons alors l'échelle *fa, sol, la, si* ♭*, ut, ré, mi, fa*, exactement semblable à l'échelle *ut, ré, mi, fa, sol, la, si, ut*.

Exemple :

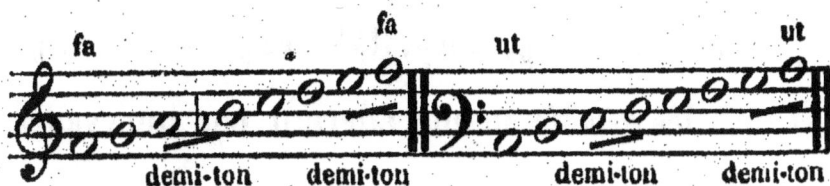

Ce *si* ♭ devenant inhérent au ton de *fa*, on l'écrira une fois pour toutes à la clef. S'il se présente un *bécarre*, le *si* redeviendra naturel, mais ce *bécarre* n'aura d'influence que sur la note qui le suivra immédiatement, et sur les *si* contenus dans la même mesure.

Pour trouver la génération des *dièses*, nous avons supposé successivement pour toniques une suite de *quintes* en montant : *ut*, *sol*, *ré*, *la*, etc. Supposons maintenant pour toniques une suite de *quintes* en descendant, en partant toujours du même point *ut*. Cette suite sera : *ut*, *fa*, *si* ♭, *mi* ♭, *la* ♭, *ré* ♭, *sol* ♭. Or, dans le ton de *fa*, en mettant un *bémol* au *si*, nous avons altéré la *quarte*. Si maintenant nous prenons *si* ♭ pour tonique, il faudra altérer la quarte de la même manière, c'est-à-dire introduire un *mi* ♭. En prenant successivement pour tonique chaque note de cette suite de *quintes*, on verra qu'il faudra, pour chaque nouvelle gamme, un nouveau *bémol*, lequel tombera toujours sur la *quarte*. Ainsi, dans la gamme de *fa*, il n'y a qu'*un bémol*; dans la gamme de *si* ♭, il y en a *deux*; dans la gamme de *mi* ♭, il y en a *trois*, etc.

Tonique. ut, fa, si ♭, mi ♭, la ♭, ré ♭, sol ♭.

Quinte
inférieure. fa, si ♭, mi ♭, la ♭, ré ♭, sol ♭, ut ♭.

Donc les *bémols* se succéderont par intervalles

de *quartes* en montant, à commencer par *si* ♭. Ils se placent sur la clef de la manière suivante :

Exemple:

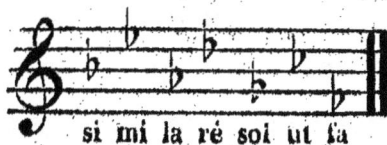

si mi la ré sol ut fa

Quand il n'y a qu'*un bémol* à la clef, c'est toujours *si* ♭ ; quand il y en a *deux*, c'est toujours *si* ♭ et *mi* ♭, etc.

TABLEAU DES DIFFÉRENS TONS.

1° Quand la clef est armée de *dièses :*

Ton de *sol*   de *ré*   de *la*   de *mi*   de *si*

de *fa* ♯   d'*ut* ♯

2° Quand la clef est armée de *bémols :*

Ton de *fa*   de *si* ♭   de *mi* ♭   de *la* ♭   de *ré* ♭

de sol ♭   d'ut ♭

Ce tableau présente *quatorze* tons, qui diffèrent, du moins pour l'œil. Ces quatorze tons, joints au ton naturel, formeraient donc *quinze* tons différens. Mais nous avons vu qu'il n'y a, d'une *octave* à une autre, que *douze demi-tons* : conséquemment, il ne saurait y avoir que douze sons différens qui puissent servir de base à une gamme. Si donc le tableau précédent nous présente quinze tons ou *toniques*, c'est qu'il y a double emploi. Effectivement le ton d'*ut* ♯ (avec *sept dièses*) n'est autre chose que le ton de *ré* ♭ (avec *cinq bémols*); le ton d'*ut* ♭ (avec *sept bémols*) n'est autre chose que le ton de *si* (avec *cinq dièses*); enfin le ton de *fa* ♯ (avec *six dièses*) n'est autre chose que le ton de *sol* ♭ (avec *six bémols*).

En conséquence, le *septième dièse* et le *septième bémol* ne se mettent pas à la clef : il n'y a jamais plus de six ♯ ou six ♭.

Remarque. Quand d'une note *diésée* à la note supérieure il y a un ton, et qu'on veut élever d'un *demi-ton* cette première note, afin que l'intervalle ne soit plus que d'un demi-ton, on la fait précéder d'un *double dièse* ✕, qu'on figurait dans l'ancienne musique par une croix, ✕. La note précédée d'un *double dièse* se trouve alors élevée d'un ton entier au-dessus du son qu'elle avait dans la gamme naturelle.

Pareillement, quand d'une note *bémolisée* à la note inférieure il y a l'intervalle d'un ton, et qu'on veut qu'il n'y ait qu'un demi-ton, on fait précéder cette première note d'un *double bémol* ♭♭. La note affectée d'un *double bémol* se trouve alors baissée d'un ton entier au-dessous du son qu'elle avait dans la gamme naturelle.

Exemples:

double dièse   double bémol

Fa 𝄪 équivaut à *sol* naturel ; *si* ♭♭ équivaut à *la* naturel ; cependant on n'écrit, dans ces deux cas, ni *sol* ni *la*, parce que *fa* 𝄪 et *sol* ♯ sont et doivent rester deux degrés différens de la gamme, et non se confondre en prenant le même nom : *sol*, *sol* ♯. Même remarque pour le second exemple.

Quand on veut détruire l'effet d'un *double dièse* ou d'un *double bémol*, et rétablir le *dièse* ou le *bémol* simples, on met devant la note un *dièse* ou un *bémol*.

CHAPITRE XII.

De la Transposition.

Un chant quelconque peut s'exécuter dans douze tons, ou douze gammes différentes. Quand on change la tonique d'un air, et qu'on prend pour nouvelle tonique un son plus aigu ou plus grave, on dit qu'on le *transpose*.

On transpose au moyen des signes accidentels, qu'on ajoute à la clef ou qu'on en retranche, selon le besoin.

Dans l'exemple suivant, on verra le même chant élevé successivement d'un *demi-ton*, d'un *ton*, d'un *ton et demi*, de *deux tons* :

Etant donné le premier son, ces cinq exemples seront exactement les mêmes pour la voix : pour les exécuter tous, elle n'aura qu'à répéter cinq fois le premier, en prenant successivement comme point de départ un son plus élevé. C'est que, pour la voix, il n'y a qu'une seule gamme, dont la tonique peut être plus ou moins élevée.

Il n'en est pas de même pour les instrumens : ils n'exécutent pas la gamme de *ré* comme la gamme d'*ut*, ni la gamme de *mi* comme celle de *ré*. Certains tons étant peu favorables à certains instrumens, à cause des *dièses* ou des *bémols* que ces tons exigent, on a recours à la *transposition*, pour leur offrir une exécution plus facile.

La transposition d'un morceau de chant a pour but de mettre le chanteur plus à son aise, en baissant ce qui est trop élevé, ou en élevant ce qui est trop bas, de manière à ce que ce morceau soit dans les limites ou ce qu'on appelle les *cordes* de sa voix.

Nous n'avons parlé jusqu'ici que de la transposition écrite ou notée. Mais quelquefois, pour accompagner un chanteur, on est obligé de jouer un morceau dans un autre ton qu'il est noté. Il faut alors supposer une clef différente de celle qui est écrite, et pour cela savoir préalablement lire toutes les clefs.

Par ce procédé, nous allons élever ou baisser le même chant, sans changer l'écriture :

La grande difficulté consiste à bien traduire les signes accidentels qui se présentent dans le courant du morceau.

La transposition instantanée est l'opération d'un habile musicien.

CHAPITRE XIII.

Des Modes.

Nous avons vu que l'intervalle compris entre la tonique et son octave supérieure ou inférieure ne peut être que de cinq tons et deux demi-tons. Mais il peut y avoir différentes manières de distribuer ces tons et demi-tons. On appelle *mode* la manière d'être d'un ton ou d'une gamme par rapport à cette distribution des tons et demi-tons.

On voit par-là qu'il pourrait y avoir beaucoup de *modes;* et en effet les anciens en distinguaient un grand nombre.

Les modernes ne reconnaissent que deux *modes:* le mode *majeur* et le mode *mineur.*

Dans le mode *majeur* la tierce est *majeure*, c'est-à-dire composée de deux tons, *ut mi;* dans le mode *mineur*, la tierce est *mineure*, ou composée d'un ton et demi, par exemple *la ut.*

Mode majeur, *ton* majeur, *gamme* majeure, sont des expressions synonymes. On dit de même indifféremment *mode* mineur, *ton* mineur, *gamme* mineure.

Pour bien saisir le rapport des *modes,* il faut comparer les deux gammes en descendant, et non en montant.

Gamme majeure descendante.

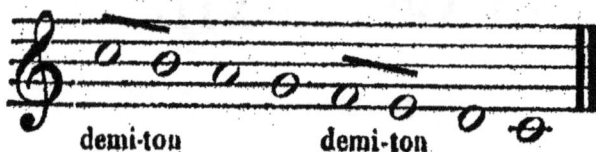

Gamme mineure descendante.

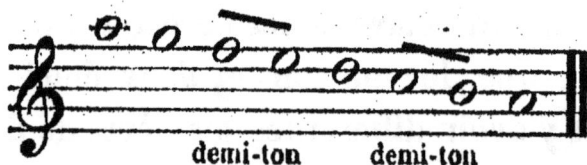

Ces deux gammes ne présentent aucun signe accidentel. Elles ne diffèrent que par la place des deux demi-tons : dans la première ils se trouvent du 8e au 7e degré et du 4e au 3e ; dans la seconde, du 6e au 5e et du 3e au 2e.

La gamme mineure descendante est la véritable *gamme mineure*. Pour exécuter la gamme mineure en montant, il faut introduire une ou plusieurs altérations, afin de la rendre supportable à l'oreille. Ainsi l'oreille demande qu'entre la *sensible* et la *tonique* il n'y ait qu'un demi-ton; on mettra donc un dièse au *sol*.

Gamme mineure ascendante.

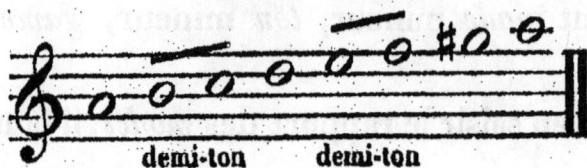

L'intervalle de *fa* à *sol* ♯ est une *seconde augmen-*
tée, qui présente une intonation difficile : pour l'é-
viter, on élève plus ordinairement la sixième note,
ou la *sixte*, d'un demi-ton (*fa* ♯).

Exemple :

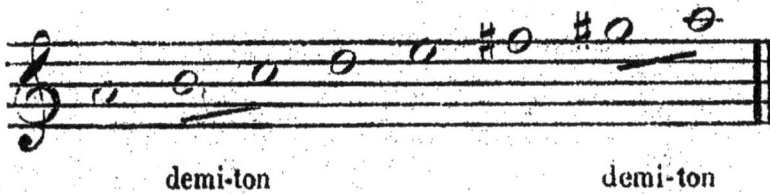

demi-ton   demi-ton

On voit que, suivant qu'on adoptera l'une ou
l'autre de ces deux méthodes, il y aura un demi-
ton ou un ton entre *mi* et *fa* : variabilité qui n'existe
pas à la gamme descendante. Aussi vaut-il mieux
s'en tenir à cette dernière gamme. On fera bien
aussi de s'exercer au moyen de l'échelle suivante.

Modes relatifs.

Tout *mode* ou *ton majeur* a un *mode* ou *ton mineur* correspondant ou *relatif.*

Le mode mineur correspond au mode majeur, ou est son *relatif,* parce qu'il demande le même nombre de *dièses* ou de *bémols* à la clef.

La tonique du mode mineur, ou simplement du *mineur,* est placée une *tierce mineure* ou *un ton et demi* au-dessous de la tonique majeure. Par conséquent le mode mineur d'*ut* aura pour tonique *la.*

Puisque chaque mode majeur a son mineur relatif, et qu'il y a douze modes majeurs, ou douze sons différens qui peuvent servir de base à une gamme majeure, il y aura également douze gammes mineures. En d'autres termes, chacun des douze demi-tons compris entre un son quelconque et l'octave (supérieure ou inférieure) peut devenir la base d'une gamme *mineure* comme d'une gamme *majeure.* Ainsi *ut* peut être la tonique d'un *mode mineur.* D'après ce que nous avons dit, *ut,* tonique d'un mode mineur, se trouvera placé une *tierce mineure* au-dessous de son majeur relatif. La *tierce mineure* d'*ut* est *mi* ♭; donc *ut mineur* sera le ton relatif de *mi* ♭ *majeur.*

Nous avons donné ci-dessus le tableau des différens tons majeurs, d'après le nombre des *dièses* ou des *bémols* placés à la clef. Nous allons mettre en regard ces mêmes tons avec leurs relatifs.

Modes ou tons majeurs avec leurs mineurs relatifs:

Ton d'*ut*   *sol*   *ré*   *la*

ou de *la* mineur   ou *mi* mineur   ou *si* mineur   ou *fa* ♮ mineur

mi   *si*   *fa* ♯   *ut* ♮

ou *ut* ♮ min,   ou *sol* ♮ min.   ou *ré* ♮ min.   ou *la* ♮ min.

Ton de *fa*   *si* ♭   *mi* ♭   *la* ♭

ou de *ré* mineur   ou *sol* mineur   ou *ut* mineur   ou *fa* mineur

ré ♭   *sol* ♭   *ut* ♭

ou *si* ♭ min.   ou *mi* ♭ min.   ou *la* ♭ min.

Il est assez embarrassant, pour les élèves qui commencent, de reconnaître si un morceau est dans le *ton majeur* ou dans le *mineur relatif*. On ne peut guère résoudre cette difficulté qu'avec de l'habitude. Un moyen indiqué pour faire cette distinction, et qui suffit la plupart du temps, c'est de chercher dans les premières mesures d'un morceau si l'on rencontre la *sensible* du ton mineur. La présence de cette *sensible* détermine assez généralement que le morceau est dans le ton mineur.

Différentes Sensibles de tous les tons mineurs.

SENSIBLE de *la* mineur   de *mi* mineur   de *si* mineur

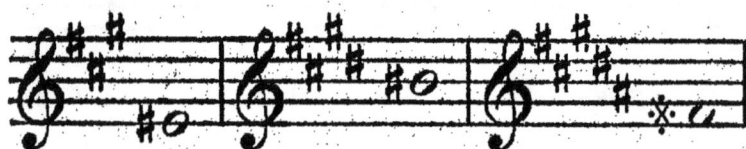

de *fa* ♯ min.   de *ut* ♯ min.   de *sol* ♯ min.

de *ré* ♯ min.   de *la* ♯ min.

SENSIBLE de *ré* min.   de *sol* min.   d'*ut* min.   de *fa* min.

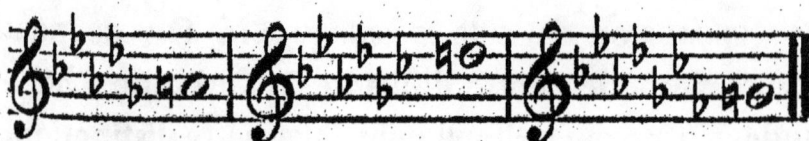

de *si* ♭ min.   de *mi* ♭ min.   de *la* ♭ min.

Conversion d'un ton majeur en ton mineur.

Nous avons dit qu'*ut* pouvait être le point de départ d'une gamme *majeure* ou d'une gamme *mineure*. En supposant qu'*ut* fût la tonique d'un mode mineur, nous avons dit que la tonique du mode majeur relatif serait placée une *tierce mineure* au-dessus, c'est-à-dire serait *mi* ♭ *majeur*. Examinons quelles altérations il a fallu faire subir au ton d'*ut majeur* pour qu'il devînt *ut mineur* :

Gamme mineure

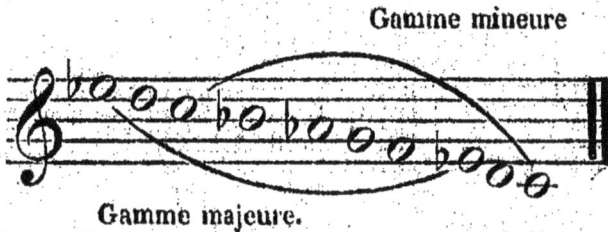

Gamme majeure.

Les *bémols* affectent les notes *si, mi, la ;* or ce sont précisément les trois premiers *bémols* qui se posent à la clef. Donc le ton d'*ut mineur* aura *trois bémols* de plus que le ton d'*ut majeur*.

Comparons maintenant la gamme de *ré majeur* à celle de *ré mineur* :

Ré majeur

Ré mineur

Le *septième*, le *sixième* et le *troisième* degrés sont altérés dans la gamme de *ré mineur* : ces trois notes ont été baissées d'un demi-ton. Or ces trois degrés sont précisément les mêmes qui avaient été altérés dans la gamme d'*ut*, pour en faire *ut mineur*. Seulement, au lieu d'introduire trois bémols dans la gamme de *ré*, on a supprimé deux *dièses* (*ut*♯, *fa*♯), et ajouté un bémol au *si* : en somme, l'opération est la même de part et d'autre.

Règle générale. Une tonique *majeure* devient *mineure* en ajoutant à la clef *trois bémols*, ou l'équivalent, c'est-à-dire, s'il y a *un dièse*, en supprimant ce *dièse* et ajoutant *deux bémols* ; s'il y a *quatre dièses*, en en supprimant *trois*, etc.

Passage du ton majeur au ton mineur.

Nous n'avons pu écrire les trois derniers tons mineurs (*ré* ♭, *sol* ♭ et *ut* ♭), parce que nous avions déjà employé, dans l'exemple précédent, les *sept* bémols. Pour le ton de *ré* ♭ *mineur,* il eût fallu un *huitième* bémol, c'est-à-dire un *double bémol* au *si.* Mais on ne met pas à la clef de *double bémol;* dans ce cas on se contentera de l'armer de *sept bémols,* et l'on se servira accidentellement du *si* ♭♭. Pour le ton de *sol* ♭ *mineur,* on mettrait sept bémols à la clef, et l'on introduirait accidentellement *si* ♭♭ et *mi* ♭♭. Enfin, dans le dernier exemple, *si, mi, la* prendraient accidentellement un *double bémol.*

Au reste, comme nous l'avons déjà dit, les tons si chargés de *bémols* ne sont pas en usage : on les remplace par leurs équivalens en *dièses.* Au lieu de *ré* ♭ *mineur,* on écrit *ut* ♯ *mineur;* au lieu de *sol* ♭ *mineur,* on écrit *fa* ♯ *mineur.*

Quand on passe d'un ton *majeur* au ton *mineur relatif,* ou d'un ton *mineur* au *majeur,* on remplace quelquefois les *dièses* ou *bémols* qui se trouvaient à la clef par un nombre égal de *bécarres:*

mineur

majeur

CHAPITRE XIV.

De la Syncope et de la Liaison.

Si une note a la moitié de sa valeur dans un temps et l'autre moitié dans le temps suivant, on dit que cette note est *syncopée*, ou qu'il y a une *syncope* (c'est-à-dire une *coupure*).

Exemple :

Syncope de la blanche

Syncope de la noire.

Syncope de la croche.

Si la *syncope* a lieu d'une mesure à une autre, on met la moitié de la valeur de la note dans la première mesure et l'autre moitié dans la seconde, et l'on réunit ces deux moitiés par une ligne courbée, qu'on nomme *liaison*. La liaison indique qu'il faut articuler une seule note, mais la prolonger ou la *soutenir* pendant la durée des deux valeurs réunies.

Exemples :

Les notes réunies ici par des *liaisons* font, pour l'exécution, l'effet d'une *blanche* dans le premier exemple, d'une *noire* dans le second.

Un son doit être soutenu pendant la somme de toutes les valeurs réunies par une ou plusieurs *liaisons*.

Exemples :

Remarques. 1° Quand une note, qui doit se prolonger dans la mesure suivante par l'effet d'une liaison, est affectée d'un *signe accidentel*, on répète ce signe au commencement de la mesure.

Exemples :

2° Au lieu d'écrire à la mesure suivante la moitié de la valeur d'une note syncopée, on reportait autrefois, après la barre, un *point*, qui augmentait la note précédente de la moitié de sa valeur :

Cette manière d'écrire n'est plus usitée.

CHAPITRE XV.

Des Notes d'agrément.

ON emploie en musique des *petites notes*, qui sont considérées comme des ornemens de la note principale. On les appelle *notes d'agrément*. Elles ne comptent pas dans la mesure.

Les notes d'agrément peuvent se diviser en trois classes : 1° l'*appoggiatura* ou *appoggiature* (prononcez *appodgiature*) ; 2° les *petites notes* proprement dites ; 3° les *gruppetti* (prononcez *grouppetti*, petits groupes).

1° L'*appoggiature* est une petite note que l'on place devant la note principale, à la distance d'un ton ou d'un demi-ton. Ce mot est italien : *appoggiare* signifie *appuyer* sur la note, lui donner plus de force.

Exemple :

La durée de l'*appoggiature* est ordinairement la

moitié de la valeur de la note principale : ainsi, dans l'exemple précédent, elle vaut une *noire*[1].

2° Les *petites notes* diffèrent de l'*appoggiature* en ce qu'elles s'exécutent assez rapidement pour ne pas altérer sensiblement la durée de la note principale[2].

Les *petites notes* sont *simples* ou *doubles*.

Exemples :

des simples

des doubles

(1) L'*appoggiature* est un signe inutile et défectueux : *inutile*, parce que rien n'empêche de représenter avec les notes ordinaires la valeur de l'*appoggiature* ; ainsi dans l'exemple ci-dessus on peut fort aisément écrire *si*, *ut* noires ; *ré*, *ut* noires : *défectueux*, parce que la valeur de l'*appoggiature* n'est pas toujours fort exactement la moitié de la note principale, et que tous les musiciens d'un orchestre pourront bien ne pas l'exécuter de même. Aussi voyons-nous ce signe disparaître peu à peu de la musique moderne.

(2) Les *petites notes* sont utiles parce qu'on ne pourrait écrire que fort difficilement leur effet en employant la notation ordinaire.

3° Les *gruppetti* sont des assemblages de trois notes, ou plus, qui s'exécutent rapidement avant la note principale.

Exemple :

Le *gruppetto* se prend quelquefois sur la note précédente :

Exemple :

On l'exprime encore par un signe de convention que l'on figure ainsi ∿. Dans ce cas, il se prend sur la note qui précède.

Exemple :

Trille. Le *trille* (qu'on nommait autrefois *cadence*,
parce qu'il s'employait ordinairement à la *chûte* ou
à la fin d'un morceau), le *trille* est un agrément qui
consiste à passer rapidement d'une note à la note
supérieure qui la touche immédiatement, et à re-
venir ensuite sur la première, en continuant le
même effet pendant un temps plus ou moins long.
Cet agrément s'indique par les deux lettres *tr* placées au-dessus de la note [1]. Le *trille* dure pendant
toute la valeur de la note qu'il surmonte.

Exemple:

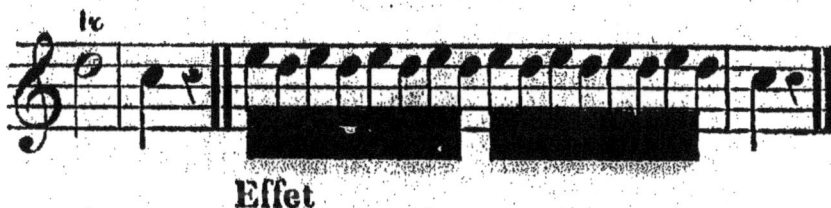

Effet

On augmente quelquefois graduellement la vi-
tesse du *trille*, qui est d'ordinaire terminé par deux
petites notes.

(1) Dans l'ancienne musique, au lieu des lettres *tr*, on trouve une
croix.

Exemple :

Mordente ou *Mordent*. On donne ce nom à un fragment de *trille* qui affecte une note de courte durée. On le marque par le signe ⌣.

Exemple :

Effet

Port de voix. Le *port de voix*, que les Italiens appellent *portamento*, consiste à glisser la voix promptement d'une note à la note suivante, sur laquelle on anticipe. Le *port de voix* ne se pratique qu'entre deux notes qui ne procèdent pas par degrés conjoints ou diatoniques.

DES NOTES D'AGRÉMENT.

Exemple :

Effet

La plupart du temps le *port de voix* s'exécute sans être écrit ; c'est un des agrémens abandonnés au goût du chanteur.

CHAPITRE XVI.

Des Mouvemens.

LES lettres ou les chiffres dont on se sert pour marquer la mesure font bien connaître la valeur qui doit être contenue entre deux barres, ou la valeur de chaque *mesure*, mais n'apprennent pas quelle doit être la durée de cette valeur. Un mot italien placé au commencement du morceau, au-dessus de la portée, indique si les divers temps de la mesure doivent se succéder lentement ou avec rapidité, en d'autres termes si le mouvement est lent ou vif.

Il y a pour désigner les mouvemens un très grand nombre de termes italiens, qu'on peut ranger en trois classes : mouvemens *lent, modéré, vif : lento, moderato, allegro.*

Explication des mots italiens indiquant les mouvemens.

Largo ou *lento*	lent
Larghetto	moins lent que *largo.*
Adagio	*idem.*
Cantabile	*idem.*

Affettuoso *Amoroso* }	avec sentiment.
Maëstoso	avec majesté.
Grave	grave.
Moderato	modérément.
Andantino	un peu plus lent qu'*andante*.
Andante	posément.
Grazioso	avec grâce.
Tempo giusto	temps convenable, modéré.
Allegretto	un peu gai.
Allegro	gai, animé.
Leggiero	léger, légèrement.
Con brio	avec feu.
Scherzo	en badinant.
Agitato	agité.
Vivace	vif.
Presto	vite.
Prestissimo	très vite.

On joint quelquefois à ces mots d'autres mots qui les modifient.

Un poco, un peu. *Un poco adagio*, un peu lent; *un poco allegro*, un peu vif.

Molto ou *assai*, beaucoup. *Molto lento*, très lent; *allegro assai*, très animé : ce mouvement devient alors *vivace*, *presto*.

Sostenuto, soutenu. *Andante sostenuto*, plus lent qu'*andante*.

Ma non troppo, ou simplement *non troppo* (mais pas trop, pas trop). *Non troppo adagio, allegro ma non troppo*.

Allegro commodo, à l'aise, sans presser ; *allegro risoluto*, ou *spiritoso*, avec résolution, avec chaleur ; *allegro mosso* ou *con moto*, plus vite qu'*allegro*. *Con fuoco*, avec feu.

Dans le courant d'un morceau, le mouvement est quelquefois modifié, et des mots italiens indiquent encore ce changement.

Più presto, più mosso, più stretto, plus vite, avec plus de mouvement, plus serré[1].

Più lento, rallentando, ritardando (et par abréviation *rallent., ritard.*), plus lent, en ralentissant, en retardant.

Quand le mouvement a été ralenti, et qu'on veut retablir le mouvement primitif, on écrit *tempo primo*.

Certains passages doivent être exécutés sans égard à la mesure : on en est averti par les mots *ad libitum* ou *a piacer* (comme on veut). Les mots *a tempo* indiquent que le chant redevient mesuré.

(1) *Serrer* le mouvement signifie le *précipiter*.

Métronome.

Les termes italiens dont on se sert pour distinguer les différens mouvemens ont l'inconvénient d'être vagues, et de ne pas nous apprendre précisément quelle durée il faut donner à chaque mesure. *Largo* indique bien un mouvement lent, *allegro* un mouvement vif; mais un mouvement peut être plus ou moins lent, plus ou moins vif. Le *largo* d'un compositeur ne sera pas le *largo* d'un autre ; comme aussi deux exécutans ne donneront pas au *largo* exactement le même mouvement.

On remédie à cet inconvénient au moyen d'un instrument inventé il y a une vingtaine d'années par M. Mœlzel, et que l'on nomme *métronome*, indicateur, régulateur de la mesure. Un balancier fait entendre des battemens, que l'on peut rendre à volonté plus ou moins fréquens ; chacun de ces battemens représentera une *ronde*, une *blanche*, une *noire*, une *croche*, suivant l'intention du compositeur. Pour que ces battemens se succèdent plus ou moins vite, il y a une échelle graduée, qui porte des chiffres, sur lesquels on arrête un contrepoids. Le chiffre le plus bas est 50 ; ce chiffre donne les oscillations les plus lentes. Le mouvement sera d'autant plus accéléré qu'on aura pris un numéro plus élevé.

Le *métronome* donne 28 mouvemens différens. En changeant la valeur musicale affectée à chaque oscillation, c'est-à-dire en prenant tel battement pour une *blanche*, ou pour une *noire*, ou pour une *croche*, etc., d'autres fois même pour une *mesure* entière, on obtient une série de près de 200 mouvemens, qui servent à exprimer toutes les nuances perceptibles à l'oreille la plus délicate.

Maintenant les compositeurs ont presque toujours la précaution d'indiquer en tête d'un morceau le numéro du *métronome* qui doit en faire connaître le mouvement. Cette indication se fait de la manière suivante :

Métr. ♩ = 80

Métr. ♩ = 80

Métr. ♪ = 100

Dans le premier cas on met le contrepoids sur le n° 80, et chaque battement du balancier représente une *blanche*. Les mêmes battemens représentent une *noire* dans le deuxième exemple. Dans le troisième, chaque oscillation donne une *croche*.

A l'aide de ce procédé ingénieux, le compositeur peut être sûr que sa musique sera exécutée dans tous les pays précisément avec le mouvement qu'il veut qu'on lui donne, et il transmettra à la postérité cette précieuse indication.

CHAPITRE XVII.

Des Signes d'expression.

Nous savons déjà comment on peut écrire les modifications du son sous le double rapport de l'*intonation* et de la *durée*.

Le son peut aussi être *fort* ou *faible :* cette nouvelle modification a rapport à ce qu'on appelle l'*intensité*.

On indique par des abréviations ou de simples lettres si le son doit avoir plus ou moins d'intensité. Les deux principales divisions sont le *fort* et le *doux*, en italien *forte* et *piano*. Les nuances intermédiaires s'expriment aussi par des mots italiens.

Tableau des Signes d'expression.

SIGNES.	MOTS ITALIENS.	SIGNIFICATION.
P	piano,	doux.
PP	pianissimo,	très doux.
FF	fortissimo,	très fort.
F	forte,	fort.
m. f.	mezzo forte,	avec une force moyenne.
poco f.	poco forte,	un peu fort
sfz.	sforzando,	} en donnant de la force.
rinf. ou *rfz.*	rinforzando,	

SIGNES.	MOTS ITALIENS.	SIGNIFICATION.
m. v. *sotto voce*	mezza voce,	à demi-voix.
Cresc.	crescendo,	en augmentant la force peu à peu.
Decres. *Dimin.* *Cal.*	decrescendo, diminuendo, calando,	en diminuant la force peu à peu.
Smorz. *Perdend.* *Morend.* *Mancand.*	smorzando, perdendosi, morendo, mancando,	en mourant, en éteignant le son.
fp.	forte-piano,	la première note avec force, et les suivantes avec douceur.
dol.	dolce,	doux. *Dolce* a plutôt rapport à l'expression ; *piano* à la force.
dolcissimo,		très doux.
Con esprez.	con esprezzione,	avec expression.

Outre ces lettres, il est des signes destinés à indiquer les nuances rapides dans l'intensité du son. Le signe < est le *crescendo* d'une phrase courte, ou même d'une seule note ; le signe > est le *decrescendo* correspondant ; le signe <> indique un *crescendo* et un *decrescendo*. Quand ce dernier signe affecte une seule note d'une longue durée, on dit alors qu'il faut *filer le son*.

Exemples :

son enflé   son diminué

sous enflés puis diminués   son filé

On indique encore quelques circonstances de l'exécution par des signes ou des mots italiens que nous allons faire connaître.

Une *liaison*, couronnant plusieurs notes différentes, marque qu'elles doivent être liées ou *coulées :*

notes liées *ou* coulées

Quand une suite de notes doit être liée, au lieu de répéter le signe de liaison au-dessus de chaque groupe, on se contente souvent de le mettre sur les premiers, et l'on écrit le mot *legato*, ou simplement *leg.* (c'est-à-dire *lié*).

Des notes surmontées d'un point, ou d'un point un peu allongé verticalement, doivent être *détachées.* Cet effet est le contraire du précédent.

Exemples :

Quelquefois le *détaché* ne s'applique qu'à une seule note. *Détaché, sec, coupé,* sont des expressions qui ont le même sens.

Exemple :

sec *ou* coupé

Au lieu d'indiquer par ce moyen une longue suite de notes *détachées,* on peut ne surmonter de points que les premières, et écrire l'abréviation *stacc.,* c'est-à-dire *staccato,* détaché.

Quelques circonstances de l'exécution sont particulières aux instrumens à archet.

Pizz.   pizzicato,   en pinçant les cordes.
Arco ou *colarco,*   avec l'archet.

On appelle *piquées* les notes *détachées* des instrumens à archet.

Quelquefois les points des notes *piquées* sont surmontés eux-mêmes d'une liaison. Il faut alors détacher les notes, et cependant les exécuter toutes du même coup d'archet :

CHAPITRE XVIII.

Des Signes d'abréviation et de quelques autres Signes.

On appelle *renvoi* un signe qui a la forme suivante ⅏, et qui se place au-dessus de la portée. Quand on voit ce signe, on est averti qu'il faudra reprendre à l'endroit où il se trouve, quand on le verra reparaître une seconde fois. Après cette reprise, on s'arrêtera au mot *fin* ou *fine*. Quelquefois on ajoute au second *renvoi* les mots *al segno*, au signe ⅏.

Renvoi.

On trouve toujours à la fin d'un morceau, et quelquefois dans le courant de ce même morceau, deux barres épaisses, qui traversent perpendiculairement la portée. Quand ces barres ont deux points à leur gauche, ces points indiquent qu'il faut recommencer ce qui précède. Quand elles ont deux points

à gauche et à droite, il faut exécuter deux fois ce
qui précède et ce qui suit. Dans le premier cas, il
y a une *reprise simple*, et dans le second, une *reprise
double*.

Exemples :

Reprise   reprise double

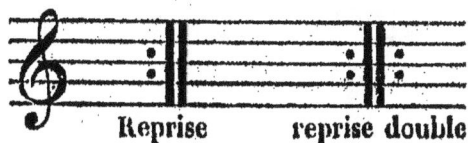

Nous avons vu (page 14) un moyen abréviati-
pour noter les passages fort élevés; nous n'en parlerons plus ici.

Nous allons réunir dans quelques lignes toutes
les autres abréviations :

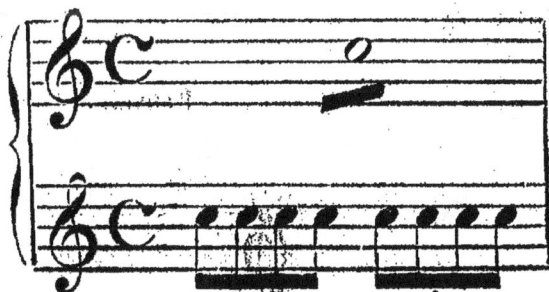

Abréviations

VALEURS
des
Abréviations.

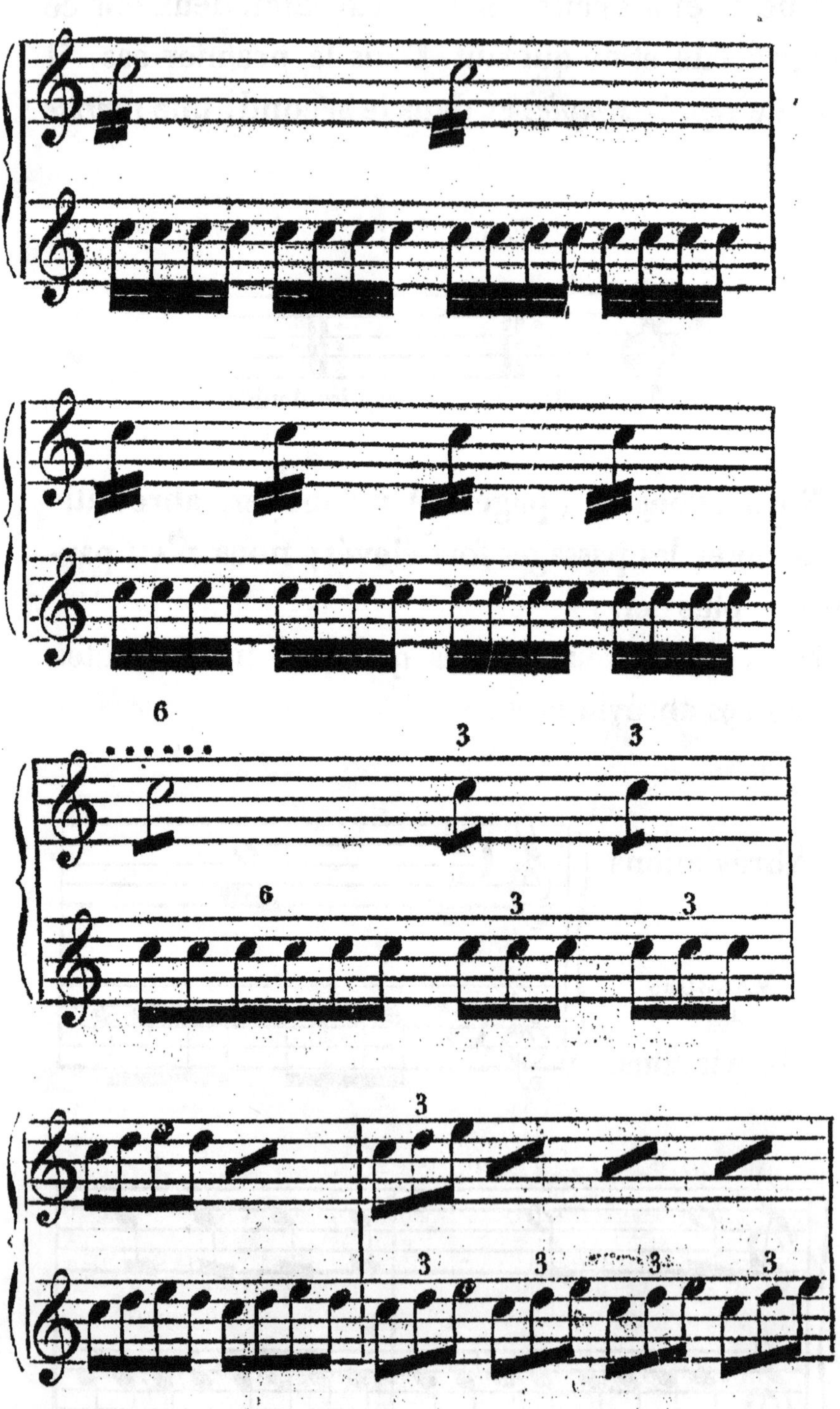

Segue ou simili

col 8^a

On appelle *tremolo* (tremblement) un certain effet produit par les instrumens à archet, lorsqu'ils font succéder les vibrations d'une ou de plusieurs cordes avec tant de rapidité que l'oreille ne remarque aucune solution de continuité.

Tremolo.

Plusieurs sons résonnant ensemble forment, comme nous l'avons déjà dit, un *accord*.

Accords.

Quand on fait entendre successivement et rapidement les divers sons d'un accord, on exécute ce qu'on appelle un *arpège*. L'*arpège* est très familier à la *harpe*, et il en tire son nom. La guitare l'emploie fréquemment aussi.

Arpéges.

La *batterie* est une sorte d'*arpège* dont les notes extrêmes sont moins éloignées, et qui présente un certain son de l'accord revenant plus fréquemment que les autres. En outre la batterie peut employer des notes étrangères à l'accord, qu'on appelle en harmonie des notes de *passage*.

Batterie.

Autre :

Quand une *blanche* est groupée avec des *croches, doubles croches*, etc., il faut soutenir le son pendant toute la valeur de cette *blanche*. Une *noire* groupée avec des *croches*, *doubles croches*, etc., et qui a une seconde queue en sens inverse, doit être pareillement soutenue pendant toute sa valeur.

Exemples:

Dans ce dernier exemple, il faut soutenir le son de l'*ut* pendant les deux mesures.

On appelle *acciacatura* (écrasement, broiement) un agrément qui consiste à faire entendre rapidement plusieurs notes de l'accord parfait avant de frapper la note principale. Elle se marque en écrivant en petites notes, et dans leur ordre successif, toutes les notes qu'on veut faire entendre. L'*acciacatura* se pratique sur le piano et sur les instrumens à cordes.

Acciacatura.

L'*acciacatura* consiste aussi à faire entendre successivement et rapidement toutes les notes d'un accord, lesquelles restent tenues dès l'instant qu'elles
ont été frappées. Dans ce cas, on écrit l'accord
comme si toutes les notes devaient être articulées
en même temps, mais on le fait précéder d'une
ligne tremblée, placée perpendiculairement.

Autre acciacatura.

On appelle *guidon* un petit signe qui a la forme
suivante ⁓, et qu'on met quelquefois à la fin d'une
portée sur le degré où sera placée la note qui doit
commencer la portée suivante.

Le *guidon* n'est plus guère en usage.

Guidon.

APPENDICE.

Nous avons fait remarquer précédemment que la voix d'homme diffère de la voix de femme, en ce qu'elle a plus de gravité. Nous ajouterons que toutes les voix d'hommes n'ont pas la même étendue; pareillement les voix de femmes sont plus ou moins aiguës. Voici comment on classe les voix humaines :

VOIX D'HOMMES.

Voix très grave.	Basse-contre, *contrabasso*.
grave.	Basse - taille ou simplement basse, *basso*.
intermédiaire.	Taille, *tenore, tenor*.
aiguë.	Haute-contre.

VOIX DE FEMMES.

Voix grave.	*Contralto* [1].
intermédiaire.	Second dessus, *mezzo soprano*.
aiguë.	Premier dessus, *soprano*.

(1) Prononcez la dernière syllabe muette, à peu près comme s'il y avait *contralte*.

On appelle *bariton* (baritono) une voix qui réunit a *basse* et le *tenor*.

Les mots *haute-contre* et *contralto* sont synonymes : c'est qu'en effet la voix aiguë des hommes se rencontre avec la voix grave des femmes. Les parties écrites pour la *haute-contre* peuvent être chantées par le *contralto*, et réciproquement.

Les voix les plus étendues parcourent deux octaves. Pour éviter la multiplicité des lignes supplémentaires, on affecte aux différentes voix une clef particulière, de telle sorte que la notation se trouve à peu près renfermée dans les limites de la portée.

Clefs affectées aux différentes voix.

Basses,	clef de *fa*, 3ᵉ *ligne*.
Tenor,	clef d'*ut*, 4ᵉ *ligne*.
Haute-contre et contralto,	clef d'*ut*, 3ᵉ *ligne*.
1ᵉ et 2ᵉ dessus ou soprani,	clef de *sol* [1].

L'étendue de ces voix réunies, à partir du son le plus grave de la voix d'homme jusqu'au son le plus aigu de la voix de femme, est de quatre octaves. Elles parcourent précisément l'échelle que nous avons donnée, pages 12 et 13.

(1) Il n'y a pas long-temps qu'on se servait, pour les *dessus*, de la clef d'*ut*, 1ʳᵉ *ligne*. Les Italiens la conservent encore.

Dans les partitions réduites pour le piano, à l'usage de nos salons, on note maintenant les *tenor* à la clef de *sol*, et cette innovation ne présente absolument aucun inconvénient : il n'est pas même besoin de prévenir que le *tenor* doit chanter une octave plus bas que le *soprano*, puisque la nature même l'y contraint [1].

Clefs affectées aux différens instrumens.

On note aussi à des clefs différentes les parties des différens instrumens, suivant leur étendue, ce qu'on appelle leur *diapason* particulier.

Clef de *sol*.   Le violon, *violino*.

La flûte, *flauto;* la petite flûte ou octave *flautino* ou *piccolo*.

Le hautbois, *oboë*.

La clarinette, *clarinetto*.

Le flageolet, *zufolo*.

Le cor, *corno*.

La trompette, *tromba* ou *clarino*.

La guitare, *chitarra*.

---

(1) « Les voix aiguës d'hommes étant naturellement, et par l'effet de leur conformation, plus graves d'une octave que les voix aiguës de femmes, on pourrait se servir de la même clef, c'est-à-dire de la clef de *sol* pour toutes deux, laissant à la nature le soin d'opérer la différence d'octaves. » (*La Musique mise à la portée de tout le monde, par* M. Fétis, p. 16.)

La basse (accidentellement).

L'alto (accidentellement).

Clef d'*ut*, 4e ligne.   La clarinette (quelquefois).

La basse (accidentellement).

Le basson (accidentellement).

Le trombone, *trombone tenore*.

Clef d'*ut*, 3e ligne.   L'alto, la viole ou quinte, *viola*.

Le trombone, *trombone alto*.

Clef d'*ut*, 2e ligne.   Le cor anglais, *corno inglese*.

Clef de *fa*.   La basse ou violoncelle, *violon-
cello*, et la contrebasse, *contra-
basso* ou *violone*.

Le basson, *fagotto*.

Le trombonne, *trombone basso*.

Le serpent.

L'ophicléide.

Les timballes, *timballi*.

Clef de *sol* et de *fa*
simultanément.   La harpe, *arpa*.

Le piano, *cembalo*.

L'orgue, *organo*.

Remarque. Cette multiplicité de clefs est un reste
de barbarie qui heureusement s'efface de jour en
jour. Primitivement il n'y avait pas moins de *huit*
clefs : deux clefs de *sol*, deux clefs de *fa* et quatre
clefs d'*ut*. Plusieurs sont tombées en désuétude de

puis près d'un siècle; il en est d'autres que l'on a abandonnées plus récemment. Nous avons dit tout à l'heure que l'on en était venu à réduire les clefs des parties vocales à deux, la clef de *sol* et la clef de *fa*. Ces deux clefs suffiraient également pour les instrumens, et nous ne doutons pas qu'en dépit d'une routine pédante, on n'arrive bientôt à cette réforme. Depuis long-temps d'excellens esprits ont démontré, par des argumens sans réplique, l'inutilité d'une telle complication [1]. Il suffit, ce semble, de dire que les instrumens les plus étendus, qui réunissent le *diapason* de tous les autres, et qui par conséquent devraient faire usage *de toutes les clefs*, se contentent pourtant de deux : nous voulons parler de la *harpe*, du *piano* et de l'*orgue*.

(1) Voyez Grétry ; M. Fétis, *la Musique mise à la portée de tout le monde*, p. 17, et un excellent chapitre de M. Aubéry du Boulley, *Grammaire musicale*, p. 179 et suiv.

PETIT VOCABULAIRE

DE TERMES EMPLOYÉS DANS LA MUSIQUE.

(On n'a pas mis dans ce Vocabulaire les mots qui se trouvaient dans le courant de l'ouvrage, ou dont l'explication eût été trop abstraite.)

A

ACCOMPAGNEMENT, *s. m.* C'est l'adjonction d'un ou de plusieurs instrumens à la partie vocale. Quand une ou plusieurs voix exécutent seules, elles exécutent *sans accompagnement*. On dit d'un orchestre qu'il *accompagne* bien ou mal. On appelle *accompagnateur* l'artiste qui accompagne le chant avec le piano, l'orgue, la harpe ou la guitare, qui sont particulièrement des instrumens d'accompagnement.

ACCORD, *s. m.* Nous avons dit que plusieurs sons résonnant ensemble forment un *accord*. Ce mot signifie aussi l'état d'un instrument qui a été *accordé* ou mis d'accord. On dit d'un piano qu'il tient ou garde l'*accord*. Voyez ACCORDER.

ACCORDER, *v. a.* C'est tendre ou détendre les cordes, allonger ou raccourcir les tuyaux, resserrer ou lâcher les peaux (du tambour, des timbales), jusqu'à ce que toutes les parties de l'instrument soient au ton qu'elles doivent avoir. Pour *accorder* un instrument, il faut d'abord fixer un son qui serve aux autres de terme de comparaison : c'est ce qu'on appelle *prendre* ou *donner le ton*. Quand chaque instrument d'un orchestre se met ainsi au ton, on dit que cet orchestre *s'accorde*. Voyez DIAPASON.

ACOUSTIQUE, *s. f.* Doctrine ou théorie des sons.

ACUITÉ, *s. f.* C'est la qualité d'un son aigu.

AIR, *s. m.* Chant qu'on adapte aux paroles d'une chanson ou d'une petite pièce de poésie propre à être chantée. Par extension, l'on appelle *air* la chanson même. Dans les opéras, on entend par ce mot une pièce de musique à une seule partie principale, composée d'une ou de plusieurs phrases régulièrement ajustées, et se terminant dans le même ton où elles ont commencé. Le *grand air* prend successivement divers mouvemens.

ARIA, *s. f.* Mot italien signifiant *air*.

ARIETTE, *s. f.* Petit air.

ATTACABE, attaquer : *attaca subito*, attaquez tout de suite. Voy. ATTAQUER.

ATTAQUER, *v. a.* C'est l'action du chanteur ou de l'instrumentiste qui commence un morceau de musique, ou le continue après un silence.

B

BARCAROLE, *s. f.* Sorte de chanson que chantent les gondoliers à Venise.

BOLÉRO, *s. m.* Sorte d'air de chant et de danse espagnol. Le Boléro est à trois temps, et ordinairement en mode mineur.

BRAVOURE (AIR DE). Air d'un mouvement animé, et d'une exécution difficile, destiné pour l'ordinaire à faire briller l'habileté du chanteur.

BRUIT, *s. m.* En musique ce mot est opposé au mot *son*, et s'entend de toute sensation de l'ouïe qui n'est pas appréciable. On donne aussi, par mépris, le nom de *bruit* à une musique étourdissante et confuse, où le fracas tient lieu d'idées : *ce n'est que du bruit.*

C

CABALETTE, *s. f.* C'est, dans un air, un duo, un trio, etc., un motif animé, qui d'ordinaire est reproduit plusieurs fois.

CACOPHONIE, *s. f.* Union discordante de plusieurs sons mal assortis.

CANTATE, *s. f.* Sorte de petit poème lyrique qui se chante avec accompagnement.

CANTILÈNE, *s. f.* (*cantilena*). On appelle ainsi un air d'un mouvement lent et d'un caractère expressif.

CANTO, *s. m.* Ce mot italien, qui signifie *chant*, désigne la partie de dessus ou soprano. *Canto primo, canto secondo*, premier dessus, second dessus.

CANTO FERMO. Voyez PLAIN-CHANT.

CAVATINE, *s. f.* Air ou chant mesuré, qui se trouve ordinairement au milieu d'un récitatif obligé.

CHANTANT, *adj.* Qualité d'un morceau d'une mélodie agréable. On dit : *cet air est chantant.*

CHIFFRER, *v. a.* C'est écrire au-dessus des notes de la basse certains chiffres ou autres caractères qui indiquent les accords que ces notes doivent porter, et servent de guide à l'accompagnateur. Une basse surmontée de ces *chiffres* s'appelle *basse chiffrée.*

CHŒUR, *s. m.* Morceau de musique exécuté par un grand nombre de voix, avec ou sans accompagnement. Quelquefois le *chœur* n'a qu'une seule partie vocale : c'est alors un chœur *à l'unisson.*

CHORISTE, *s. m. et f.* Homme ou femme qui chante dans les chœurs.

CLAVIER, *s. m.* C'est l'assemblage de toutes les touches du piano, lesquelles représentent tous les sons qui peuvent être employés dans l'harmonie. D'où l'on appelle aussi *clavier* l'échelle même des sons, ou la série des notes écrites sur la portée au moyen des deux clefs (clef de *sol* et clef de *fa*).

CODA, *s. f.* (*queue*). On nomme ainsi une période ajoutée à la fin d'un morceau, et qui le termine avec plus d'éclat.

COL (abréviation de *con lo*) avec le. *Col canto*, avec le chant.

COMPTER, *v. a.* On emploie ce verbe absolument, dans le sens de *compter des pauses. Les hautbois* comptent.

CONCERTO, *s. m.* On donne spécialement ce nom à un morceau brillant, fait pour quelque instrument en particulier, qui joue avec un simple accompagnement, et tour à tour est remplacé par l'orchestre.

CONTRE-TEMPS, *s. m.* Une mesure à *contre-temps* est celle où l'on glisse sur le temps fort, et l'on fait ressortir le temps faible. Deux instrumens jouent à *contre-temps*, quand l'un marque les temps forts, et l'autre les temps faibles. Dans ce cas, c'est, à proprement parler, le dernier qui exécute les *contre-temps*.

CORYPHÉE, *s. m.* Choriste chargé de chanter les solo qui se trouvent dans les chœurs.

D

DÉCHIFFRER, *v. a. et n.* C'est lire la musique. On dit d'une personne qui lit facilement, qu'elle *déchiffre* bien. *Déchiffrer* signifie encore exécuter un morceau pour la première fois, ou *à la première vue, à vue : Nous déchiffrons.*

DÉCOMPTER, *v. n.* C'est faire passer la voix par tous les degrés d'un intervalle, depuis la note d'où l'on part jusqu'à celle où l'on veut arriver. Le commençant est souvent obligé de *décompter* pour exécuter un intervalle éloigné : quand il a passé par tous les degrés intermédiaires, l'exécution devient facile.

DÉTONNER, *v. n.* C'est sortir du ton, ne pas trouver l'intonation juste, ou *chanter faux.* Voy. FAUX.

DIAPASON, *s. m.* Nous avons dit que le *diapason* d'une voix, d'un instrument, n'est autre chose que leur étendue. On appelle encore *diapason* un petit instrument en acier, ayant la forme d'une fourchette, qui produit un son modèle, sur lequel se règlent les voix et s'accordent tous les instrumens d'un orchestre. En France ce son est *la*; en Italie, c'est *ut*.

DUO, *s. m.* Composition musicale à deux parties obligées. Le *duo* vocal est presque toujours accompagné par l'orchestre, ou un instrument tel que le piano, la harpe, la guitare. Le *duo* instrumental n'est composé que de deux parties récitantes.

E

ENTONNER, *v. a.* Entrer dans le ton, dans l'intonation, en se réglant sur le son d'un instrument, d'un diapason, ou simplement sur le souvenir du son particulier affecté à chaque degré de l'échelle. *Entonner* est encore commencer le chant d'une hymne, d'un psaume, d'une antienne, pour donner le ton à tout le chœur : *L'officiant a entonné le* Te Deum.

F

FANDANGO, *s. m.* Air de danse espagnol, à trois temps et d'un mouvement assez vif.

FANFARE, *s. f.* Air militaire, pour l'ordinaire court et brillant, exécuté par les instrumens de cuivre.

FAUSSET (ou FAUCET, comme le demande Rousseau), *s. m.* Voy. VOIX.

FAUX, *adj. et adv.* Ce mot est opposé à *juste*. On chante *faux* quand on n'entonne pas les intervalles dans leur justesse, qu'on émet des sons trop hauts ou trop bas. On dit qu'une corde est *fausse*, qu'un instrument est *faux*. On a coutume de dire aussi que telle voix est *fausse*; mais à proprement parler, il n'y a pas de voix fausse. L'organe le plus ingrat est, par suite même de sa constitution, capable d'émettre tous les tons et demi-tons contenus dans son diapason : seulement il ne peut les émettre à propos et à volonté. Le vice vient donc de l'ouïe, laquelle, dans ce cas, n'est pas frappée de la dissemblance qui existe entre le son que nous rendons et un son qui nous est proposé : c'est l'oreille qui ne fait pas son devoir; c'est l'oreille qui est *fausse*.

FINALE, *s. m.* On appelle ainsi une suite d'airs, de duo, de trio, etc., de chœurs, non-interrompue par le récitatif, et qui termine un acte d'opéra.

FIORITURE, *s. f.* Ornement que les chanteurs ajoutent à l'œuvre du compositeur : *Cet acteur fait trop de* fioritures.

FUSÉE, *s. f.* Trait rapide et continu, qui monte ou descend pour joindre diatoniquement deux notes placées à un grand intervalle l'une de l'autre. Les *fusées* ne sont que pour les instrumens. Voyez ROULADE.

H

HARMONIE, *s. f.* Succession d'accords. Outre ce sens, que nous avons fait connaître, on appelle encore *harmonie* la musique militaire ou musique d'instrumens à vent.

J

JUSTE, *adj. et adv.* Chanter *juste* ou *avec justesse*, jouer *juste*, c'est donner à chaque note précisément l'intonation qui lui convient. On dit qu'une voix, qu'un instrument est *juste*, quand ils ont cette qualité. Voyez DÉTONNER, FAUX.

M

MARCATO, *adj. et adv.* Marqué, en appuyant, avec lourdeur.

On trouve quelquefois ce mot écrit dans le courant d'un morceau.

MARCIA, *s. f* (marche). Morceau de musique destiné à être exécuté pendant la marche d'une troupe militaire, d'un cortége. *Tempo di marcia*, temps ou mouvement de marche.

MÉLOMANE, *s. m. et f.* se dit d'une personne qui a la passion de la musique.

MENUET, *s. m.* (*minuetto*). Air de danse à trois temps et d'un mouvement modéré. *Tempo di minuetto*, temps ou mouvement de menuet.

MESURÉ, *part.* On se sert de ce mot pour indiquer qu'un fragment de mélodie qui vient après un récitatif doit être chanté ou exécuté en mesure.

MINUETTO. Voyez MENUET.

MISE DE VOIX, *s. f.* (*messa di voce*). Tenue faite par la voix sur une note, en passant graduellement du *pianissimo* au *forte*, et retournant du *forte* au *pianissimo*.

N

NOCTURNE, *s. m.* Morceau de musique, ordinairement à deux voix (dessus et tenor, ou deux dessus), d'un caractère simple et gracieux. Il y a aussi quelques *nocturnes* écrits pour des instrumens.

NOTES DE GOUT. C'est ainsi qu'on nommait autrefois les *notes d'agrément*.

O

OEUVRE, *s. m.* Ce mot est masculin pour désigner les ouvrages d'un compositeur : *Voilà un bel œuvre.*

ORCHESTRE, *s. m.* Réunion d'instrumens exécutant ensemble.

OUVERTURE, *s. f.* Morceau exécuté par l'orchestre au début d'un opéra. Quelques-uns n'ont pas d'*ouverture* : ils commencent par un morceau moins étendu, qu'on nomme *introduction*.

P

PARTITION, *s. f.* Collection de toutes les parties d'une pièce de musique, qu'on place perpendiculairement les unes sous les autres, chacune sur une portée, en prolongeant de la dernière portée à la première les barres de mesure. De cette façon, l'on embrasse d'un seul coup d'œil ce qui doit s'exécuter en même temps, et le musicien habile saisit l'harmonie qui résultera de cet ensemble. On donne encore le nom de partition à l'opéra même : *Guillaume Tell est une belle* partition.

PÉDALE, *s. f.* Touche pour les pieds, que l'on voit à l'orgue, au piano, à la harpe. On nomme encore *pédale* un son prolongé à l'une des parties, tandis que les autres font sur cette note divers accords. Voyez TASTO.

PERCUSSION, *s. f.* On appelle *instrumens de percussion* ceux que l'on frappe, tels que le tambour, les timballes, les cymbales, etc.

PIÙ, *adv.* italien signifiant *plus*. *Più presto*, plus vite, *più tosto*, plus tôt.

PLAIN-CHANT, *s. m.* ou chant d'église. La portée sur laquelle on écrit le *plain-chant* n'a que quatre lignes; il ne fait usage que de deux clefs, la clef d'*ut* et la clef de *fa*. Les notes du *plain-chant* ne sont pas arrondies, comme celles de la musique : elles ont la forme de carrés et de losanges. Saint Ambroise, archevêque de Milan, est regardé comme l'inventeur du *plain-chant*; saint Grégoire, surnommé le Grand, le perfectionna.

POINT D'ORGUE. Outre le sens que nous avons fait connaître, on appelle ainsi un passage brillant fait par une partie seule pendant un repos. *Ce pianiste a fait un beau* point d'orgue.

POLACA ou POLONAISE, *s. f.* Air de danse à trois temps et d'un mouvement modéré. Il y a des *Polonaises* pour le chant; mais elles sont d'ordinaire pour les instrumens.

PRÉLUDER, *v. n.* Chanter ou jouer quelque trait de fantaisie, ordinairement assez court, mais passant par les cordes essentielles du ton, soit pour l'établir, soit pour disposer sa voix, soit pour vérifier si l'instrument est d'accord, etc. Ce trait lui-même se nomme un *prélude*.

Q

QUARTETTO, *s. m.* Petit *quatuor*.

QUATUOR, *s. m.* Composition musicale à quatre parties obligées. Le *quatuor* vocal est presque toujours accompagné. On appelle plus particulièrement *quatuor* la réunion de deux violons, d'un alto et d'une basse. On dit dans ce sens : *Nous chanterons avec accompagnement* de quatuor.

QUINTE, *s. m.* C'est, comme nous l'avons dit, un son éloigné d'un autre de quatre degrés diatoniques. On donne aussi le nom de *quinte* à l'instrument appelé *alto* ou *viole*.

QUINTETTO, *s. m. (quintette)*. Composition musicale à cinq parties obligées. Le *quintetto* par excellence est écrit pour deux violons, deux alto et une basse, ou deux basses et un alto.

R

RÉCITANT, *part.* Partie récitante, instrument récitant. Voy. RÉCITER.

RÉCITATIF, *s. m.* Sorte de déclamation notée, qui tient le milieu entre la parole et le chant. On s'en sert dans les opéras pour la narration et le dialogue. Il n'est pas mesuré; une seule note est affectée à chaque syllabe. On distingue plusieurs sortes de *récitatifs* : le *récitatif simple* n'est accompagné que par le piano, auquel on ajoute souvent des violoncelles et la contrebasse. Le *récitatif accompagné* est soutenu par le *quatuor*; le *récitatif obligé* est accompagné de tout l'orchestre : il est ordinairement mesuré.

RÉCITER, *v. n.* C'est chanter ou jouer seul dans un morceau de musique, tandis que les autres parties du chœur ou de la symphonie sont exécutées à l'unisson par plusieurs voix ou plusieurs instrumens. Voyez CORYPHÉE.

RHYTHME, s. m. C'est, en musique, le retour symétrique des mêmes valeurs affectées aux mêmes temps de la mesure, que le mouvement soit lent ou vif. Ainsi un chant dans lequel reviendrait régulièrement une noire suivie de deux croches offrirait un *rhythme* facile à saisir. Le *rhythme* frappe surtout dans les mouvemens rapides; il est peu sensible dans les mouvemens lents. Le tambour, qui n'a qu'un ton, agit sur les troupes par la seule puissance du *rhythme*. On dit d'un chant qu'il est *rhythmique*, ou bien *rhythmé*.

RITOURNELLE, s. f. Phrase assez courte exécutée par un ou plusieurs instrumens, et servant de prélude à un air, dont ordinairement il annonce le chant. Il peut aussi se trouver une *ritournelle* au milieu ou à la fin d'un morceau.

ROULADE, s. f. C'est un trait de chant dans lequel la voix passe rapidement d'une note à une autre (par degrés conjoints et sur la même syllabe. La *roulade* est montante ou descendante.

S

SEGUE (*ital.* suis, suivez). *Segue subito*, suivez sans interruption; *segue l'allegro*, suivez l'allegro. Ce mot, placé après un groupe de notes, indique qu'il faut exécuter de même certaines abréviations qui suivent. Voy. SIMILI.

SEMPRE, *ital.* toujours.

SENZA, *ital.* sans.

SEPTUOR, s. m. Composition musicale à sept parties obligées.

SEXTUOR, s. m. Composition musicale à six parties obligées.

SIMILI (adj. pl. de *simile*, semblable). Placé après un arpège, une batterie, etc., ce mot indique qu'il faut exécuter de la même manière ce qui suit, et n'est plus écrit qu'en abrégé. Voy. SEGUE.

SOLFÈGE, s. m. Livre élémentaire pour apprendre la musique en la solfiant.

SOLFIER, v. n. C'est, en entonnant des sons, prononcer en même temps les syllabes de la gamme qui leur correspondent.

SOLO, adj. et subst. seul. *Violino solo*. Pris substantivement, le *solo* est un morceau ou un trait qui s'exécute par un seul instrument, avec ou sans accompagnement d'orchestre. On dit : *Le violon a un beau* solo. Le *solo* vocal s'appelle *récit*.

SONATE, s. f. Pièce de musique instrumentale, composée de trois ou quatre morceaux consécutifs de caractère différent. La *sonate* est la plupart du temps pour un instrument seul.

STRETTA, s. f. Endroit d'un morceau où le mouvement devient plus précipité. La *stretta* ou *strette* ne se trouve guère qu'à la fin du morceau.

SYMPHONIE, s. f. Pièce de musique faite pour être exécutée par l'orchestre.

T

TACET (prononcez *tacette*). Mot latin qu'on emploie pour indiquer qu'un instrument doit garder le silence pendant un morceau entier. *Kyrie tacet :* quand on a mis cette indication sur une partie, on est dispensé de noter le nombre de pauses que cette partie doit compter.

TASTO SOLO (touche seule). Ces mots indiquent qu'une partie de basse reste immobile et soutient un son, tandis qu'une autre ou plusieurs autres parties font entendre divers accords. Voyez PÉDALE.

TENUE (en ital. *tenute*, et par abréviation *ten.*), *s. f.* Son soutenu par une partie pendant une ou plusieurs mesures.

TERZETTO, *s. m.* Petit trio.

TÉTRACORDE, *s. m.* On appelle ainsi les quatre premiers degrés de la gamme, ou une demi-gamme. *Ut, ré, mi, fa,* et *sol, la, si, ut,* forment deux tétracordes, dans lesquels les tons et les demitons occupent exactement la même place.

TRAIT, *s. m.* C'est dans un morceau vocal ou instrumental un passage brillant et ordinairement d'une exécution difficile. *Cet artiste a bien exécuté son* trait.

TRIO, *s. m.* Composition musicale à trois parties obligées. Le *trio* vocal est presque toujours accompagné.

TUTTI (prononcez *toutti*), tous. Ce mot indique l'endroit où toutes voix ou tous les instrumens doivent reprendre après un *solo.*

On dit : *Recommençons au* tutti; *voilà un beau* tutti.

TYROLIENNE, *s. f.* Air de chant à trois temps et d'un mouvement modéré.

U

UNITI (unis). Ce mot indique l'endroit où doivent se réunir plusieurs instrumens qui s'étaient momentanément divisés.

V

VOCALISER, *v. n.* C'est chanter sur une voyelle, sans articuler de paroles. On a choisi les voyelles *a, é,* comme les plus favorables à l'émission du son. Cette sorte d'exercice s'appelle *vocalisation.* On nomme *vocalises* des leçons ou exercices de vocalisation.

VOIX, *s. f.* Chaque individu a deux espèces de voix : la voix de *poitrine,* et la voix de *tête,* autrefois appelée *fausset.* Les sons de tête ne sont ordinairement donnés que par les dessus, le ténor et le bariton.

VOLTA, *s. f.* (fois). *Prima volta,* première fois , *seconda volta,* seconde fois.

VOLTI, tourne, tournez; *volti subito* ou *presto,* tournez vite. Ces mots se rencontrent quelquefois au bas d'une page de musique. On écrit aussi en abrégé : V. S.

FIN.

TABLE DES MATIÈRES.